BIBLIOGRAPHIE CRITIQUE

DE

L'ABBÉ RAYNAL

THÈSE COMPLÉMENTAIRE POUR LE DOCTORAT ÈS LETTRES

Présentée à la Faculté des Lettres de l'Université de Paris

PAR

ANATOLE FEUGÈRE

Ancien Elève de la Faculté
Agrégé des Lettres
Professeur de Première au Lycée d'Angoulême

ANGOULÊME

IMPRIMERIE OUVRIÈRE
18, rue d'Aguesseau, 18

1922

BIBLIOGRAPHIE CRITIQUE

DE

L'ABBÉ RAYNAL

IMPRIMÉ AVEC LE CONCOURS
DU FONDS ALPHONSE PEYRAT

BIBLIOGRAPHIE CRITIQUE

DE

L'ABBÉ RAYNAL

THÈSE COMPLÉMENTAIRE POUR LE DOCTORAT ÈS LETTRES

Présentée à la Faculté des Lettres de l'Université de Paris

PAR

ANATOLE FEUGÈRE

Ancien Élève de la Faculté
Agrégé des Lettres
Professeur de Première au Lycée d'Angoulème

ANGOULÊME

IMPRIMERIE OUVRIÈRE

18, rue d'Aguesseau, 18

1922

INTRODUCTION

Si chétif que soit un écrivain, l'étude bibliographique dont il fait l'objet se justifie, comme l'étude biographique, par la vogue de ses écrits ; ou plutôt c'est la bibliographie qui tranche la question préalable de savoir si la célébrité d'un auteur est durable et vraie, ou superficielle, éphémère et factice : si elle est uniquement due au caprice de coteries, qui imposent leurs goûts à l'opinion docile, ou si au contraire sa pensée a pénétré directement dans la masse du public. « La première qualité de l'écrivain, disait Raynal, c'est d'être lu » (n° 265, p. 4). Dans quelle mesure un auteur a-t-il atteint ce but, c'est ce que la bibliographie, en cataloguant les différentes éditions de ses ouvrages, montre avec une rigueur qui manque aux témoignages contemporains ; car elle prouve, tandis qu'ils affirment. Elle prouve moins, il est vrai, qu'ils n'affirment. Mais ce n'est pas une raison pour les rejeter, surtout quand son enquête, malgré ses lacunes, aboutit à des conclusions qui vont dans le même sens.

Voici, par exemple, un contemporain, La Harpe, qui déclare que le premier ouvrage de Raynal, l'*Histoire du Stathoudérat*, un mince volume vendu à plus de 6.000 exemplaires par l'auteur lui-même, en son domicile, lui a rapporté 18.000 livres (n° 237, t. X, p. 39). Jamais aucune donnée bibliographique ne nous en apprendra autant que ce simple témoignage ; mais jamais ce témoignage ne sera recevable sans le contrôle bibliographique. Or Raynal, dans la préface de la qua-

trième édition, dit que les trois premières se sont épui-
sées en moins de six mois. N'en relevant qu'une avant
la quatrième, je songe que c'est grave ; je soupçonne
déjà quelque supercherie ; j'accuse aussitôt La Harpe
d'être crédule ou complaisant, et je fais cependant un
jugement téméraire, car si je n'ai trouvé qu'une édition, rien ne prouve que les deux autres n'existent pas.
Mais si en revanche je trouve, dès l'année suivante,
en 1748, une édition très augmentée, la quatrième précisément, puis deux autres en 1749, dont une est due
à un adversaire, Rousset, qui en donne en même temps
une traduction hollandaise ; si je constate que le
même ouvrage est encore refondu par Raynal et qu'il
s'en écoule deux nouvelles éditions en 1750, n'est-ce pas
que le succès du livre, ainsi confirmé, confirme à son
tour les témoignages de La Harpe et de Raynal ?

Un autre contemporain, d'ailleurs malveillant, pré-
tend que vingt-cinq mille exemplaires de l'*Histoire des
Indes* furent distribués aux colons anglais de l'Amérique du Nord, pour les exciter contre la métropole
(n° 262, p. 33). Ce chiffre, qui paraît fantastique, exige
une confirmation éclatante. On la trouverait peut-être
en Angleterre ou en Amérique. Mon enquête, limitée
à la France, est à cet égard purement négative. Mais
elle ne prouve rien contre l'assertion même. Est-ce qu'il
ne s'agit pas d'un de ces extraits plus ou moins longs
de l'*Histoire des Indes*, qui furent si souvent édités,
soit en français, soit en anglais ? (Cf. n°s 66-90). Telle
est la seule réserve que j'aie le droit de formuler, en
attendant le contrôle décisif de la bibliographie.

Un autre encore, c'est le conventionnel Brissot, dit
avoir vu préparer à Neuchâtel, en 1782, « huit éditions à la fois de l'*Histoire des Indes* » (n° 324, p. 267).
Je n'en trouve qu'une en 1783 (n° 56). Qu'en faut-il con-
clure ? Que les moyens me manquent pour retrouver les
autres, car à ma connaissance, aucun exemplaire de cet
ouvrage ne mentionne le numéro du tirage dont il fait
partie. Mais l'existence de l'édition de Neuchâtel en
1783 s'accorde avec le dire de Brissot. Donc, sans avoir

le droit de compter plus d'une édition en 1783 à Neuchâtel, je dois tenir ce chiffre pour inférieur à la réalité.

La Harpe enfin, dès 1774, parle de plus de quarante contrefaçons de l'*Histoire des Indes* (n° 237, t. X, p. 37). Ersch, en 1798, note qu'on en a plus de vingt éditions (n° 333). Et Du Rozoir écrit, dans la *Biographie Michaud* : « plus de vingt éditions et près de cinquante contrefaçons » (n° 366). Or je compte seulement une trentaine d'éditions publiées du vivant de Raynal, que distinguent entre elles la date, le lieu, le format, la pagination. Mais dans ce nombre se trouvent sans doute des contrefaçons que j'ai dû renoncer à découvrir, car une contrefaçon bien faite ne laisse pas apparaître de grandes différences. Seule, peut la trahir la confrontation ligne à ligne de deux exemplaires à première vue semblables. Or, si j'ai pu disposer à peu près librement d'une dizaine d'éditions différentes, ce que je n'ai pu entreprendre, c'est de mobiliser ces soixante volumes et de me transporter avec eux dans les principales bibliothèques de Paris, de la province et de l'étranger. Au reste, ces données bibliographiques resteront toujours forcément incomplètes et fragmentaires, attendu que les bibliothèques même les plus riches, ne possèdent pas une collection complète des diverses éditions et contrefaçons de l'*Histoire des Indes*. La Nationale, avec ses cent soixante-deux volumes n'a que dix-neuf éditions. J'en mentionne dix-huit autres, ou que j'ai vues ailleurs, ou dont l'existence est bien attestée. Mais sans doute beaucoup existent qui m'ont échappé.

Ce qui n'est pas moins significatif que le grand nombre d'éditions, c'est la foule d'extraits de l'*Histoire des Indes* publiés partout sous les titres les plus variés, avec des préfaces hautement fantaisistes, en vue d'atteindre ceux des lecteurs que le gros ouvrage aurait pu manquer. Je relève environ vingt-cinq éditions de ces extraits et je suis sans doute bien loin de compte. Ainsi, les témoignages que mon enquête semblait d'abord contredire, puisque je ne trouve guère plus de la moitié des soixante-dix éditions et contrefaçons dont on nous parle, semblent au contraire confirmés par cette enquête, et si l'on peut juger excessif le chiffre de vingt-cinq mille exemplaires exportés en Améririque, je crois en revanche bien véridiques La Harpe, Brissot, Ersch et Du Rozoir.

Si donc, il est impossible d'évaluer exactement le nombre total des exemplaires de l'*Histoire des Indes*, on doit croire avec tous les contemporains, que le succès de l'ouvrage fut considérable.

Mais le sens et la portée de ce succès, n'est-ce pas encore la bibliographie qui les précise ? Elle constate en effet, que l'avant-dernière édition publiée du vivant de Raynal est de 1787. Après sa mort, il n'en existe que deux (1798 et 1820). C'est entre 1770 et 1787 que se place la vogue de l'ouvrage. Si, au lieu de pulluler dans cette courte période si décisive, qui, opérant la révolution dans les esprits la prépare dans les faits, nos trente éditions connues s'échelonnaient sur un siècle entier, les mêmes chiffres prendraient dès lors une signification différente. Prouvent-ils à eux seuls que le succès fut énorme et tint du prodige ? Non, si dans la même période, tel ouvrage « philosophique » ou « politique » a été beaucoup plus souvent édité. C'est à la bibliographie comparée qu'il appartient de trancher cette question. Mais pour la trancher, il faut avoir des termes de comparaison nombreux et sûrs. La présente étude fournit un de ces termes. Quand elle ne servirait qu'à mesurer plus précisément la faveur dont jouissaient Montesquieu, Rousseau et Voltaire à la veille de la Révolution, elle aurait par là même une raison d'être.

Mais elle offre un autre genre d'intérêt, car elle n'indique pas seulement les réimpressions successives d'un même texte ; elle en révèle quatre états différents, le premier de 1770 à 1774, le second de 1774 à 1780, le troisième à partir de 1780, le quatrième en 1820, avec l'édition posthume, publiée d'après les manuscrits laissés par Raynal. La comparaison de ces textes, par les retouches et les repentirs qu'elle met au jour, nous fait

mieux pénétrer les intentions successives de l'auteur et
l'évolution de sa pensée. Elle nous aide aussi à résou-
dre la question délicate d'authenticité, puisqu'une foule
d'hommes de lettres se disputent l'honneur d'avoir
écrit ce qu'a signé Raynal.

Un tel procès, qui, s'il n'avait d'autre intérêt que de
mettre aux prises un Raynal, un Pechméja, un Deleyre, pour ne citer que les moins médiocres, ne vau-
drait pas la peine d'être examiné, mérite plus d'attention, quand c'est Diderot qui entre en cause. Or Diderot a sûrement corrigé la deuxième édition et refondu
la troisième. Certes, ce grand nom ne change rien à la
valeur de l'ouvrage, qui est petite : et l'*Histoire des Indes*, que depuis près d'un siècle on ne lit plus, ne mérite pas les honneurs d'une édition critique. Mais il
m'a semblé que la comparaison de quelques fragments
courts et caractéristiques n'était pas inutile, pour donner au moins un aperçu de ces quatre états du texte
(cf. n°ˢ 30 et 40). L'examen du quatrième éclaire l'histoire d'un cas de conscience douloureux qui a peut-être
assombri les dernières années de Raynal, juste rançon
d'une gloire usurpée. Les corrections ici lui apportien-
nent sûrement. Il s'agissait de savoir si le philosophe
converti et repentant a voulu faire, comme on l'a dit,
amende honorable. J'ai cru que, s'il avait eu le ferme
propos d'abjurer ses erreurs passées, il n'aurait eu qu'à
supprimer ou à changer les nombreux passages censurés par la Sorbonne en 1781. J'ai donc confronté ces
passages tirés de la troisième édition avec ceux qui
leur correspondent dans la quatrième (cf. n° 64). Le
fait est que la plupart demeurent identiques. Donc, ou
la conversion n'existe pas, ou plutôt elle est imparfaite,
elle manque d'efficace et n'arrive pas à tuer dans le
vieillard assagi, le vieil homme de lettres « toujours
jeune et vivant ».

La marque de fabrique qu'imposait Raynal à ses em-
ployés en signant à leur place, d'obscurs auteurs s'en
emparèrent, afin de mieux écouler leurs productions,
attribuées par leurs soins à l'écrivain célèbre, et telle-

ment riche; qu'il ne trouvait, bon gré mal gré, que des prêteurs. J'ai dressé un état de ces attributions.

Quant aux manuscrits autographes, ils tendent seulement à prouver que Raynal, en contractant l'habitude invincible de la compilation, avait élevé le plagiat à la hauteur d'un principe. Ils sont nombreux et volumineux ; mais les seuls qui nous importeraient, ceux de l'*Histoire des Indes*, manquent en grande partie. On devine pourquoi : Raynal, prudent et défiant, flairant quelque recherche de paternité littéraire, aura fait disparaître toutes les pièces compromettantes, en vue de l'éventuel procès. Il avait, nous dit-on, « l'attention de copier ce que lui fournissait Diderot et de brûler ensuite les minutes. » (N° 212, t. XX, p. 102). Mais alors, comment n'a-t-il pas précieusement conservé sa copie autographe ? Peut-être a-t-il songé qu'une telle preuve, incapable de convaincre des incrédules endurcis, était superflue pour les autres, et qu'il valait mieux, en supprimant toutes les pièces sans exception, enlever aux malveillants tout prétexte à poser la question indiscrète. Il était assez fin pour raisonner ainsi. Il se peut aussi que le hasard ait tout fait. Quoi qu'il en soit, on ne possède que de rares fragments de l'édition de 1780; et ils sont de Diderot. Ceux de Raynal ne concernent que l'édition posthume de 1820.

Trop rares également sont les débris de sa correspondance. Non qu'elle ait en elle-même de la valeur. Le peu qui en reste nous force à ne rien regretter sous ce rapport, et nous explique pourquoi ses amis n'ont guère tenu à conserver ses lettres. Mais si ternes qu'elles soient, si indignes de ce joli XVIII° siècle, pour lequel il serait juste de dire que ce qui n'est pas spirituel n'est pas français, elles n'en sont pas moins la source la plus précieuse de renseignements pour la connaissance de Raynal et de son milieu. De ces débris, j'ai classé tout ce que j'ai pu recueillir.

Raynal était d'une laideur authentique. Lui-même a pris soin de nous le faire savoir, en répandant à profusion ses portraits au frontispice de l'*Histoire des In-*

des. Assoiffé de célébrité, il aimait à voir sa périssable enveloppe multipliée par ces images qui lui semblaient constituer une bonne assurance contre l'oubli. D'autre part, une fois célèbre, il fut, sans le vouloir, en proie à la caricature. J'ai donc cru devoir faire une place à l'iconographie de cet auteur dont les portraits ou les bustes ornaient jadis, avec ceux de Voltaire et de Rousseau, tant de salons où causaient tant d'honnêtes gens.

J'ai mentionné non seulement les textes où il est question de Raynal, mais ceux que j'ai utilisés dans mon étude biographique et qui aident à mieux connaître son temps.

Toutes les fois que je l'ai pu, j'ai minutieusement reproduit les titres des ouvrages de Raynal et fourni d'amples renseignements sur leur compte. J'ai fait de même pour quelques autres ouvrages curieux ou rares.

Quant aux livres modernes qui, sous les noms variés d'in-12, d'in-16, d'in-18 et même d'in-8, ont presque le même format (entre 10 cm. × 16 cm. et 12 cm. × 19 cm.) je les appelle indistinctement in-12, réservant aux formats inférieurs l'expression « petit in-12 ».

ŒUVRES DE RAYNAL

A

1. Imprimés antérieurs à l'« Histoire des Indes »

1. *Nouvelles Littéraires*, adressées périodiquement par Raynal à la duchesse de Saxe-Gotha, du 29 juillet 1747 au 27 décembre 1751 et du 1er avril 1754 au 18 février 1755 ; imprimées pour la première fois en 1816 et définitivement éditées par M. Maurice Tourneux sous ce titre : *Correspondance littéraire, philosophique et critique* par GRIMM, DIDEROT, RAYNAL, MEISTER... Paris, Garnier, 1877-82, 16 vol. in-8. Les *Nouvelles* de Raynal occupent le tome I tout entier et le tome II jusqu'à la page 238. Le reste de l'ouvrage est la *Correspondance* de Grimm, Meister, Diderot, etc.

2. HISTOIRE | DU | STADHOUDERAT | DEPUIS SON ORIGINE | JUSQU'A PRÉSENT. | A La Haye | MDCCXLVII, in-12 de IV + 114 p. — Bib. nat. : M 21 199.

3. *Essai historique et politique sur le gouvernement présent de la Hollande*. Londres, 1748 2 vol. in-12 de 9 + 91 p. et de 110 p. — Bib. de Rennes, 84423.

L'ouvrage est divisé en deux parties, la 1re est « l'histoire abrégée de l'origine du gouvernement présent de la Hollande », la 2e l'« examen de ce gouvernement tel qu'il vient d'être rétabli et fixé en faveur de la maison Nassau-Dietz et quelques réflexions sur ce qu'on en doit attendre à l'avenir ». Le texte n'est pas identique au précédent. Il faudrait pouvoir le confronter avec le suivant pour affirmer que c'est, sous un autre nom, le même ouvrage.

4. HISTOIRE | DU | STADHOUDERAT | DEPUIS SON ORIGINE | JUSQU'A PRÉSENT. | Par M. l'Abbé RAYNAL. | Quatrième édition. | A La Haye | MDCCXLVIII, in-12 de 246 + 18 + 1 p. — B. N. : M 21201.

Après une épître dédicatoire à Monsieur le marquis de B... (p. 5-8), on lit à la page 9, cet *Avertissement du Libraire :*

La destinée de ce morceau historique a été brillante Il a été imprimé trois fois en moins de six mois, à Paris, à Lion et dans le Pays étranger. Je souhaitois d'en donner une édition élégante et correcte. L'Auteur a souhaité qu'on la différât jusqu'à ce que, débarrassé de son Histoire du Parlement d'Angleterre, il pût donner à l'Histoire du Stadhoudérat un temps suffisant pour faire des changemens qu'il croyoit nécessaires et des augmentations qui lui ont paru agréables. On peut dire que c'est un ouvrage nouveau et fort supérieur à ce qu'il étoit d'abord.

Je ne connais pas les éditions de Paris et de Lyon qui reproduisent le texte de celle de La Haye. — La dernière assertion est juste : le permier texte, de moitié plus court, n'est qu'une ébauche du second.

5. [Même titre]. | Par M. l'Abbé RAYNAL. | Quatrième édition. | A La Haye | MDCCXLVIII, in-4 de 246 + 10 p. — Bib. d'Aix-en-Provence, D 6261.

6. [Même titre]. Par M. l'Abbé RAYNAL. | Quatrième édition. | A La Haye | MDCCXLIX, in-8 de VII + 168 — Bib. de Neuchâtel, 6339.

7. HISTOIRE | DU | STADHOUDERAT | DEPUIS SON ORIGINE | JUSQU'A PRÉSENT. | Par M. l'Abbé RAYNAL.. | *Revue corrigée, châtiée & pur | gée de ses Faussetés.* | Par M. ROUSSET. | Amsterdam | chez Jacob Ryckhoff, junior | MDCCXLIX, in-12 de XVI-316 p. — Bib. de Neuchâtel, 13824.

8. HISTOIRE | DU | STADHOUDERAT | DEPUIS SON ORI-

GINE | JUSQU'A PRÉSENT. | Par M. l'Abbé RAYNAL. | Cinquième édition ¦ [s. l.] MDCCL ; 2 vol. in-12 de 4 + 325 et 4+256 p.

9. Même titre avec la mention « sixième édition », 2 vol. in-12 de VIII+308 et 264 p.

On lit dans l'*Avertissement*, au sujet de Rousset, que ses « augmentations sont tout à fait étrangères au sujet, les retranchements peuvent paraître sages en Hollande : les notes sont d'un ton qui ne plaira pas aux honnêtes gens ; pour les pièces justificatives, elles m'ont paru utiles et bien choisies ; on les trouvera à la fin de mon édition ». Le texte paraît identique à celui de l'édition précédente (la 5e). Raynal annonçait lui-même, dans le *Mercure de France* de juillet 1750, la cinquième édition « augmentée, disait-il non sans exagérer, de plus de moitié. L'auteur, sensible à l'honneur que lui ont fait les Hollandais d'adopter son ouvrage par une édition française et par une traduction en leur langue, a cru devoir remanier son sujet. » Puis il cite comme nouveaux les portraits de Coligny, Leycester, Louvois, Temple (p. 113-123).

Je trouve trois textes différents publiés par Raynal : 1° celui de 1747 que je connais par l'édition de La Haye et qui est reproduit en 1747 à Paris et à Lyon ; 2° celui de 1748 et 1749 (4e édition) ; 3° celui de 1750 (5e et 6e éditions).

Quant à l'édition de Rousset, le texte en est altéré à dessein, de manière que Raynal semble dire quelquefois le contraire de ce qu'il avait réellement dit. Après avoir cité ou plutôt inventé la harangue de Jean de Witt contre le Stathoudérat, Raynal avait écrit : « Ce discours aurait ramené des esprits désintéressés : il n'opéra rien sur des cœurs livrés à la prévention. La politique et les artifices *d'un* parti nombreux et puissant avaient causé dans l'Etat une fermentation extraordinaire. » (P. 107 de la 4e édition, 1749). Sans avertir qu'il change le texte, Rousset fait dire à Raynal : « Ce discours sage et modéré eut le succès ordinaire ; on lui accorda sa démission. La politique et les artifices de *son* parti nombreux et puissant avaient causé dans l'État, etc.... » (P. 142). Il est clair que le parti jugé artificieux par Raynal n'était pas celui de Jean de Witt, mais bien celui de ses adversaires.

L'*Histoire du Stathoudérat* est réimprimée dans les *Œuvres* de l'abbé RAYNAL en 1784 [n° 96].

10. D'après Ersch, l'ouvrage de Raynal est traduit en allemand à St-Galles en 1788 [il faut lire 1748] ; en hollandais par Rousset, en 1749 ; en anglais, en 1756.

La Bibliothèque de Neuchâtel possède un exemplaire de la traduction hollandaise sous la cote 13825.

11. HISTOIRE | DU PARLEMENT | D'ANGLETEERE. | Par M. l'Abbé RAYNAL. | A Londres | MDCCXLVIII, in-12 de VIII+376 p. — B. N. : Ng, 199.

11 *bis*. [Même titre]. A Paris, chez De la Guette, 1750, in-12 de 367 p. — Bib. de Clermont-Ferrand, 53529.

12. HISTOIRE | DU | PARLEMENT | D'ANGLETERRE. | Par M. l'Abbé RAYNAL. | *Nouvelle édition revue corrigée et | augmentée.* | A Londres | MDCCLI, 2 vol. in-12 de 12+309+XXI et 267 + XIX p. — B. N. : Ng, 199 A.

13. *Histoire du Parlement anglais depuis son origine en 1234 jusqu'en l'an VIII de la République française*, par Louis BONAPARTE, *suivie de la grande Charte, avec notes autographes de* NAPOLÉON. Paris, Beaudouin, 1820, in-8. — Bib. de Neuchâtel, 6220.

14. *Histoire du Parlement anglais, suivie de la grande Charte*, par l'abbé RAYNAL, *avec des notes et éclaircissements sur la politique du cabinet britannique*. Paris, Darne, 1821, in-8. — B. N. : Ng, 201

Même ouvrage que le précédent. L'histoire du Parlement, de 1748 à 1799, est empruntée à Barère (cf. p. 271 note). Le texte de Raynal est réimprimé pour la partie de cette histoire antérieure à 1748. Les prétendues notes de Napoléon ne sont que des phrases de Raynal détachées de leur contexte et mises au bas des pages par l'éditeur, qui les agrémente de quelques réflexions. Voici un exemple du procédé : On lit dans le texte de Raynal imprimé en haut de la p. 63 de l'éd. Darne : « Godefroy de Bouillon qui, à tous les talents joignit

toutes les vertus, etc. » Et on lit cette note : « Ces
portraits bien frappés rappellent quelques-uns des ca-
pitaines qui m'ont aidé dans ma conquête de l'Egypte.
[L'union et la valeur procurèrent aux premiers héros
des Croisades les succès les plus rapides ; les vices
opposés à ces vertus les firent perdre à leurs premiers
successeurs.] » Les lignes que j'ai mises entre crochets
sont de Raynal ; cf. éd. 1751, t. I, p. 196.

Le ms 3505 de la Bibilothèque de l'Arsenal (Porte-
feuille de Bachaumont, f° 74) contient des notes relatives aux p. 347, 349, 358, 359, 360, 370, 373 et 375 de
l'édition 1748. « Ces notes, lisons-nous, sont de M. le
marquis d'Aiguilles qui a accompagné le prince
Edouard pendant l'expédition d'Ecosse et qui est resté
un an en Angleterre après le départ du prince. »

L'Histoire du Parlement d'Angleterre est réimprimée
dans les *Œuvres* de l'abbé Raynal en 1784 [n° 96].

15. MÉMORIAL | DE PARIS | ET | DE SES ENVIRONS. | *Nou-
velle édition | considérablement augmentée.* | A Pa-
ris | MDCCXLIX | chez Bauche fils, quay des | Augustins,
à Ste Geneviève | avec privilège du Roy, 2 vol. in-12 de
524+12 et XXXVI+293 p. — B. N. : Lk 7 6013 A.

En tête du t. I, on lit cette note manuscrite : « par
l'abbé A. Antonini, augmentée par l'abbé G. T. Raynal. » Le t. II contient une série de chapitres curieux
sur les institutions ou les usages du temps, que précède
une docte « Dissertation sur l'origine des Français où
l'on examine s'ils descendent des Tectosages ou des
anciens Gaulois établis dans la Germanie. » C'est fait
pour réfuter le Père Tournemine, qui soutient contre
Leibniz que « les Français sont... originairement Gaulois. » (P. I-XXXVI).

Sous la cote Lk 7 6013 B, figure le *Mémorial de Paris
et de ses environs à l'usage des voyageurs*, par M. l'abbé
ANTONINI, nouvelle édition, revue, corrigée et augmentée par l'auteur. Paris, Musier, 1734, in-12 de 206 p.
(tables non comprises).

16. *Anecdotes littéraires ou Histoire de ce qui est
arrivé de plus singulier et de plus intéressant aux Ecri-*

vains François depuis le renouvellement des Lettres sous François Ier jusqu'à nos jours. Paris, Durand, 1750, 2 vol. in-12. — Bib. de Rennes, 72477.

17. *Anecdotes littéraires...* nouvelle édition augmentée. Paris, Durand et Pissot, 1752, 3 vol. in-8. T. I de XVI+255 p.; t. II de 2+320 p.; t. III de 2+274+3 p. — Bib. d'Aix-en-Provence, C 5830.

18. *Anecdotes littéraires...* nouvelle édition augmentée. La Haye, Gosse, 1756, 3 vol. in-12. B. N. : Z 20704-6. On lit dans l'*Avertissement* : « Cet ouvrage a été augmenté de quelques articles nouveaux, qui ne se trouvent point dans l'édition de 1752. C'est l'unique mérite de cette réimpression. »

Il ne faut pas confondre cet ouvrage avec le suivant : *Querelles littéraires ou Mémoires pour servir à l'histoire de la République des lettres depuis Homère jusqu'à nos jours*. Paris, Durand, 1761, 4 vol. in-12. B. N. : Z 12889. Ce dernier ouvrage, attribué à l'abbé Irail, offre plus d'intérêt : tandis que les *Anecdotes* sont de courts fragments sans aucun lien, les *Querelles* sont les récits de quelques démêlés littéraires retentissants, tels que celui de Marot avec Sagon et la Huéterie (p. 101-2). A propos du même Marot, il nous est seulement dit dans les *Anecdotes* : 1° qu'on ignore pourquoi il a quitté Genève; 2° qu'il fut dénoncé au Dr Bouchard, inquisiteur de la foi, par une de ses maîtresses, qui l'avait vu faire gras le vendredi (p. 3-4).

19. Les *Anecdotes littéraires* sont traduites en allemand par P.-Ad. Hiller, à Leipzig, 1763, in-8. (D'après Ersch.)

20. *Mercure de France*, de juillet 1750 à décembre 1754, 64 vol. in-12. — B. N. : Lc 2/39.

Si je n'ai pas trouvé un seul article signé du nom de Raynal, je crois devoir lui attribuer en revanche la rédaction de tout ce qui n'est pas signé : nouvelles et annonces, qu'il se contentait sans doute la plupart du temps de transcrire, mais qu'il publiait sous sa propre responsabilité.

21. ANECDOTES | HISTORIQUES | MILITAIRES | ET POLITI-

QUES | DE L'EUROPE | *depuis l'élévation de* | *Charles Quint au thrône de l'Empire* | *jusqu'au traité d'Aix-la-Chapelle en 1748.* | Tome Premier. | Par M. l'abbé RAYNAL, de l'Académie des Sciences | et Belles-Lettres de Prusse. | A Amsterdam | chez Arkslée et Merkus | MDCCLIII, 2 vol. in-8 de 8 + 309 + 3 et 391 + 1 p. — Bib. de Grenoble, E 17595, et B. N. : G 14031-2.

L'ouvrage est augmenté d'un *Supplément pour servir d'introduction aux Anecdotes historiques*, par M. l'abbé RAYNAL... Ibidem, 1754, in-8 de 2+512 p. — Bib. d'Aix-en-Provence, C 7883.

22. *Mémoires historiques militaires et politiques de l'Europe depuis l'élévation...* Par M. l'abbé RAYNAL... Ibidem 1754, 3 vol. in-12 de 408, 397 et 410 p. — Bib. de Dijon, 17181. C'est le même ouvrage que le précédent et que les 4 volumes B. N. : G 14033-6, dont le t. I et le t. IV contiennent l'un et l'autre le même texte, celui du *Supplément*.

23. *Mémoires historiques...* Par M. l'abbé RAYNAL, de la Société royale de Londres et de l'Académie royale des Sciences et Belles-Lettres de Prusse. Nouvelle édition. A Amsterdam, chez Arkstée (*sic*) et Merkus, 1772, 3 vol. in-12 de 4+408, 397+1 et 410+1 p. — Bib. de Rennes, 84518.

Réimpressions : en 1763 et 1773 (d'après Lunet) ; en 1784 dans les *Œuvres* de l'abbé Raynal [n° 96].

24. Cet ouvrage est traduit en allemand par J.-Ad Hiller à Leipzig, 1763, in-8. (D'après Ersch).

25. *Histoire du divorce de Henry VIII, roy d'Angleterre et de Catherine d'Aragon.* Paris, Durand, 1763, in-12. (D'après Lunet).

26. *Histoire du divorce de Henry VIII...* Extrait des *Anecdotes historiques...* Amsterdam, 1763, in-12 ; Bib. de l'Arsenal, 10551.

Réimpressions en 1766 et 1776. (D'après Lunet).

27. ÉCOLE MILITAIRE. | *Ouvrage* | *composé par ordre du* | *gouvernement.* | A Paris | chez Durand libraire, rue | du Foin | MDCCLXII | Avec approbation et privilège du Roi. 3 vol. in-12. — B. N. : R 24998-25000.

L'*Avertissement* seul est de Raynal (VI-XI). L'ouvrage n'est que la compilation de diverses anecdotes d'histoire militaire groupées par ordre chronologique.

Le t. I de 359 p. comprend les années 1494-1585.

Le t. II de 383 p. comprend les années 1586-1670.

Le t. III de 407 p. comprend les années 1671-1761.

Il est anonyme, mais Raynal est nommé dans l'*Approbation* dont je reproduis les termes mêmes :

J'ai lu par ordre de Mgr le Chancelier un manuscrit ayant pour titre ECOLE MILITAIRE, ouvrage composé par Monsieur l'abbé RAYNAL, de la Société royale de Londres et de l'Académie des sciences et belles-lettres de Prusse. Cet ouvrage, le fruit d'une lecture réfléchie des meilleurs historiens des deux derniers siècles, peut et doit servir d'instruction et d'encouragement aux officiers ainsi qu'aux jeunes élèves de l'Ecole royale militaire, qui y trouveront dans toutes les parties de leur art les exemples les plus frappants et les plus recommandables.

Fait à Paris, ce 23 mars 1762.

Signé : CAPPERONNIER.

2. Histoire des Indes

Parmi les nombreuses éditions de l'*Histoire des Indes* qui vont être citées, il y a lieu de distinguer quatre groupes qui représentent quatre états différents du texte et qui correspondent à ce qu'on appelle, au sens large du mot, 1re, 2e, 3e, 4e édition.

Le 1er groupe comprend celles de 1770, 1772, 1773 et, à ma connaissance, une seule de 1774 ; le 2e, celles de 1774 et des années suivantes jusqu'à 1780 ; la 3e, celles de 1780 et des années suivantes jusqu'à 1820, date de la 4e et dernière.

PREMIÈRE ÉDITION

28. HISTOIRE | PHILOSOPHIQUE | ET | POLITIQUE | DES ÉTABLISSEMENS ET DU COMMERCE DES | EUROPÉENS DANS LES

DEUX INDES. | Tome Premier | A Amsterdam | MDCCLXX,
6 vol. in-8. — B. N. : G 28071-6.

T. I de 384 p. + 4 p. d'*Errata* (l. I, p. 1), l. II, p. 121),
(l. III, p. 237). En tête du volume, on lit cet *Avertissement des Libraires* :

L'ouvrage qu'on donne au public a été imprimé loin des
yeux de l'Auteur, sans son aveu et sur un manuscrit assez
peu correct, où il s'est même trouvé quelques lacunes
qu'on a été obligé de remplir. Aussi s'est-il glissé dans
l'édition un fort grand nombre de fautes dont plusieurs
forment des contre-sens visibles. On trouvera à la fin de
chaque volume un Errata auquel le lecteur pourra avoir
recours lorsqu'il se trouvera embarrassé.

Le fleuron qui est au titre du t. I diffère de celui qui
figure au titre des tomes suivants.

T. II, de 294 p. + 3 p. d'*Errata* (l. IV, p. 1), (l. V,
p. 144) ; — t. III, de 432 p. + 6 p. d'*Errata* (l. VI, p. 1),
(l. VII, p. 104), (l. VIII, p. 217), (l. IX, p. 321) ; — t. IV,
de 291 p. + 2 p. d'*Errata* (l. X, p. 1), (l. XI, p. 105),
(l. XII, p. 208) ;   t. V, de 294 p. + 1 p. d'*Errata*, (l. XIII,
p. 1), (l. XIV, p. 180) ; — t. VI, de 426 p. + 2 p. d'*Errata*,
(l. XV, p. 1), (l. XVI, p. 86), (l. XVII, p. 176). On lit en
dernière page cet *Avertissement des Libraires* :

Les dernières lignes de l'ouvrage qu'on vient de lire
indiquent une suite. C'est évidemment l'état actuel de
l'Europe que l'Auteur a annoncé dès la première page
de son livre et qui ne s'est pas trouvé dans le manuscrit
qu'on nous a remis. Si nous parvenons à recouvrer cet
important morceau, nous ne tarderons pas à le donner au
public.

Un exemplaire de cette édition se trouve à la Bibliothèque de l'Arsenal sous la cote 11671. Il y a un t. VII
intitulé *Tableau de l'Europe pour servir de suite à
l'Histoire philosophique*... Amsterdam, 1774, in-8 de
175 p. + 1 p. de table. C'est le XIX° livre. Sous la cote
11671 H bis figure un autre exemplaire de ce volume
avec la même pagination, mais les fleurons des titres

diffèrent et la table du 11671 H bis est en tête au lieu d'être à la fin.

Un autre exemplaire de la même édition, coté 11671 H, a un tome VII intitulé *Histoire philosophique...*, tome septième *Tableau de l'Europe*. A La Haye, chez Gosse fils, 1774, in-8 de II-196 p. (XIX° livre).

Je ne connais aucune édition antérieure à 1774 dont le tome VII ne soit pas daté de 1774. Comme ce volume est alors venu compléter les six précédents publiés en 1770, en 1772 ou en 1773, il en résulte qu'une seule et même édition peut faire illusion et donner à croire qu'on est en présence de 3 éditions distinctes, l'une par exemple qui serait de 1770 en 6 volumes, une autre de 1770 en 7 volumes, une autre enfin de 1770-4 en 7 volumes. Ainsi, au lieu des 3 éditions parues à notre connaissance en 1770, on en compterait 9, au lieu des 2 éditions de 1772 on en compterait 6 au lieu des 2 éditions de 1773, on en compterait également 6 : soit 21 au lieu de 7.

Sous la cote G 28.077, la Bib. nat. possède un t. I qui a même titre, même pagination, même *Errata* que G 28071. Mais l'*Avertissement*, identique pour le texte, occupe 11 lignes dans 28071 contre 7 dans 28077. Au titre de celui-ci, on lit ces mots écrits au crayon : « Réimpression du tome I seulement. »

29. *Histoire philosophique...* Amsterdam, 1770, 4 vol. in-8. (D'après Quérard.)

30. *Histoire philosophique...* Genève, 1770, 7 vol. in-8. (D'après Quérard.)

J'ai comparé l'exemplaire de la Bib. nat. G 28071-6 de 1770, avec celui de 1772, G. 28084-9, et avec celui de 1773, G 28096-102. Je n'ai relevé aucune variante intéressante, abstraction faite des fautes d'impression grossières, dont la suppression explique qu'à partir du tome III de 1772 les titres portent : « Nouvelle édition corrigée. »

Si, comme l'affirme Meister, l'*Histoire des Indes*

(1) *Corr. littéraire* de GRIMM, t. IX. p. 487 (avril 1772).

fut imprimée à Nantes en 1770, elle était censée, conformément à l'usage du temps, venir de l'étranger, soit d'Amsterdam, soit de Genève. Je n'ai vu aucun lieu d'origine porté au titre, qui ne fût une ville étrangère. L'ouvrage a-t-il été connu à l'étranger dès 1770? Je n'ai pu éclaircir ce point. Ce qui est sûr, c'est qu'il ne circule pas en France avant 1772 (1). Dès lors, la question se pose de savoir si le texte de G 28071-6 n'a pas été remanié entre 1770 et 1772. En ce cas, l'édition serait antidatée de deux ans à dessein, et l'*Avertissement* des éditions de 1774 prétendant que les éditions antérieures se ressemblent toutes, « parce que toutes ont été réduites à copier la première faite visiblement sur un manuscrit informe et altéré », serait destiné, lui aussi, à dépister les lecteurs, pour faire oublier l'édition originale, réellement imprimée en 1770.

Ce qui autorise, à la rigueur, une telle hypothèse, c'est que, selon Meister, dans la première édition étaient « répandus les principes de l'athéisme » (2). Or, si le texte que j'ai vu est violemment antichrétien, on ne peut dire qu'il s'en dégage une doctrine athée, au sens propre du mot. Et comme l'athéisme avait scandalisé les lecteurs en Angleterre et en Allemagne (3), on serait tenté de croire que Raynal a voulu substituer, sans qu'il y parût, à son texte primitif, qui décidément passait le but, un texte édulcoré. Peut-être aussi aurait-il obtenu, au prix de ces corrections, la permission tacite pour l'entrée en France de l'ouvrage. D'autre part, Monseignat, biographe de Pechméja, affirme que dans la première édition se trouvait la lettre initiale P... qui indiquait les passages appartenant à ce collaborateur (4). Je n'ai rien vu de semblable dans l'exemplaire de la Nationale. Mais si, comme il est

(1) *Mém.* de BACHAUMONT, t. VI, (1 avril 1772) et *Corr. litt.* de GRIMM, t. IX, p. 487 (avril 1772).

(2) *Corr.* de GRIMM, t. XII, p. 519 (juin 1781).

(3) *Ibidem*.

(4) Article PECHMÉJA de la *Biographie Michaud*.

possible, ce fait se trouvait exact, Raynal, dont l'amour-propre d'auteur était si ombrageux, aurait été bien aise, pour cette autre raison, de voir anéantie l'édition malencontreuse.

Je note enfin que l'édition inconnue d'Amsterdam est en 4 volumes in-8, contre les 6 volumes in-8 de l'édition connue. Or, aucune des éditions ultérieures, malgré les différences de format et de pagination, ne comporte moins de 6 volumes. Ainsi Raynal, par un procédé qui lui était familier, aurait plutôt corrigé par additions que par suppressions ; et l'édition originale serait bien alors celle d'Amsterdam (imprimée peut-être à Nantes) en 4 volumes, et non celle de Genève en 6 volumes.

Cette hypothèse est spécieuse et je ne l'avance que faute d'avoir pu confronter les 3 éditions de 1770. Ce qui est certain, c'est que, si l'athéisme n'apparaît pas nettement dans le texte des éditions de 1770, 72 et 73, le ton agressif contre les religions positives a pu fort bien passer pour de l'athéisme aux yeux des personnes pieuses, qui, choquées dans leurs croyances, confondaient volontiers, sous ce même terme réprobateur, toutes les doctrines « philosophiques ». Meister ne fait en somme que rapporter leur opinion sans la prendre à son compte. Et, d'autre part, ce qui s'accorde avec son témoignage, c'est que l'intention théiste s'affirme et s'affiche davantage en 1774 et en 1780.

Le texte suivant a été remanié de façon bien significative à cet égard : on lisait d'abord : « Mahomet, trop adroit pour entreprendre d'abolir une dévotion si généralement établie, se contenta d'en rectifier l'objet. Il bannit les idoles de ce lieu révéré, et il le dédia à l'unité de Dieu. Pour augmenter même le concours des étrangers dans une cité qu'il destinait à être la capitale de son empire, il ordonna que tous ceux qui suivraient sa loi s'y rendissent une fois dans leur vie, sous peine de mourir en réprouvés. » (Ed. 1770, t. I, p. 289). En 1774, après les mots « dédia à l'unité de Dieu », s'intercalent ces trois lignes : « sublime et puissante

idée que toutes les religions doivent à la philosophie !
Mahomet ne fut pas l'envoyé du ciel, mais un adroit
politique et un grand conquérant. Pour augmenter,
etc... » (Ed. 1775, in-4, t. I. p. 269). — En 1780, après
ces mots « doivent à la philosophie », on lit : « et non
au judaïsme, comme on l'imagine. Le Dieu des Juifs,
colère, jaloux, vindicatif, ne fut qu'un dieu local, tel
que ceux des autres nations. Mahomet ne fut pas,
etc... » (Ed. 1781, Genève, Pellet, in-8, t. II, p. 53).

Le texte fut encore remanié dans la suite : « De
temps immémorial, on accourait en foule de toutes
parts à la kaba. Mahomet fit une loi de ce qui n'avait
été jusqu'alors qu'un usage. Il voulut que tous ceux
qui se soumettraient au Coran fissent une fois en leur
vie ce pèlerinage, si leur santé, si leur fortune le leur
permettaient. » (Ed. 1820, t. II, p. 81-2).

Ces quatre fragments montrent le caractère propre à
chaque rédaction : d'abord l'auteur ne cherche pas
l'occasion d'affirmer sa croyance en Dieu. Il n'en dit
rien (1770) ; il l'affirme plus tard en « philosophe »
(1774) ; puis en polémiste (1780) ; jusqu'au jour où,
devenu purement historien, il biffe tout ce qui pourrait
prêter aux discussions métaphysiques.

31. HISTOIRE | PHILOSOPHIQUE |... A Amsterdam |
MDCCLXXII, 6 vol. in-8. — B. N. : G 28078-83.

T. I de 384 p.; t. II de 296 p.; t. III de 432 p.; t. IV
de 292 p.; t. V de 296 p.; t. VI de 428 p. — Les nombreuses fautes d'impression portées dans l'*Errata* de
G 28071-6 sont corrigées ici. Le texte n'est d'ailleurs pas
modifié.

32. HISTOIRE | PHILOSOPHIQUE |... A Amsterdam |
MDCCLXXII, 7 vol. in-12. — B. N. : G 28084-9.

T. I de 584 p. (l. I, p. 1), (l. II, p. 183), (l. III, p. 358) ;
— t. II de 478 p. (l. IV, p. 1), (l v, p. 233) ; — t. III de
611 p. (l. VI, p. 1), (l. VII, p. 148), (l. VIII, p. 307), (l. IX,
p. 456) ; — t. IV de 411 p. (l. X, p. 1), (l. XI, p. 147),
(l. XII, p. 293) ; — t. V de 443 p. (l. XIII, p. 1), (l. IV,
p. 270). On lit à la dernière page : « Fin du XIVe et
dernier livre » ; — t. VI de 639 p. (l. XV, p. 1), (l. XVI,

p. 128), (l. XVII, p. 263), (l. XVIII, p. 425) ; — t. VII de 263 p. — Il est intitulé : *Histoire philosophique...* Tome septième. *Tableau de l'Europe.* A La Haye, chez Gosse fils, 1774.

Cette édition n'est pas homogène : à partir du t. III, les caractères changent et le titre porte : « Nouvelle édition corrigée. » Le XVIIIe livre est la seconde moitié de l'ancien livre XVII.

33. HISTOIRE | PHILOSOPHIQUE |... *Nouvelle édition corrigée | et augmentée d'une Table des matières.* | Tome Premier. A Amsterdam | MDCCLXXIII, 7 vol. in-12. — B. N. : G 28096-102.

T. I de 542 p.; t. II de 420 p., il faut lire « 420 » à la dernière page au lieu de « 358 » qui est une faute d'impression; t. III de 611 p., le fleuron du titre n'est pas le même qu'aux autres volumes ; t. IV de 495 p. avec une table des matières par ordre alphabétique renvoyant aux 6 volumes de 1773, p. 413-495 ; t. V de 416 p.; t. VI de 596 p. On lit en dernière page « Fin du dix-septième livre », c'est une faute d'impression pour « dix-huitième » ; t. VII de 336+22 p. de tables avec le même titre que G 28089.

Sous la cote G 28090-2 sont rangés les t. III, V et VI de même pagination, mais de tirage et de fleurons différents.

Je possède un exemplaire des 6 premiers tomes qui offre quelques divergences : à la dernière page du t. II, on lit bien « 420 » ; le t. IV a 500 pages contre 495 ; au titre du t. V la ligne « et augmentée d'une table des matières » est supprimée.

N. B. — *Quand je cite l'« Histoire des Indes », éd. 1773, les références correspondent à cette édition.*

34. HISTOIRE PHILOSOPHIQUE |... *Nouvelle édition revue, corrigée, augmentée et enrichie de cartes géographiques très exactes.* | *Nequicquam deus abscidit* | *Prudens Oceano dissociabili | Terras, si tamen impiæ | Non tangenda rates transiliunt vada.* HORACE. | Tome Premier. | A Amsterdam | MDCCLXXIII. — 6 vol. in-12. — B. N. ; G 28103-8.

T. I de 560 p.; t. II de 430 p.; t. III de 463 p.; t. IV de 596 p.; t. V de 549 p.; t. VI de CXXXIV + 442 p.

Les chiffres romains du t. VI correspondent aux pages du livre XVIe. A la fin du livre XVIIIe, p. 364, on lit ces mots :

« Si le but est rempli, l'auteur aura payé sa dette à son siècle, à la société. » Et en note : « Une telle histoire ne serait autre chose qu'un tableau dans lequel le Portugal serait représenté comme gémissant de sa dégénération ; l'Espagne rougirait de ses atroces conquêtes ; la Hollande pleurerait sur la dépravation de ses mœurs primitives ; la France regretterait le peu de terres qu'ont eu ses agents; l'Angleterre s'applaudirait de ses succès ; et l'auguste humanité, la sévère philosophie dévouerait à un opprobre éternel les hommes qui, en formant des projets aussi grands que ceux dont nous avons écrit l'histoire, ont pris à tâche d'avilir partout la noblesse de leur être. pour servir la plus vile des passions, l'avarice ».

Les p. 365-442 contiennent la table des matières de l'ouvrage entier.

35. HISTOIRE | PHILOSOPHIQUE |... *Édition corrigée et | augmentée d'une table générale des | Matières au tome IV.* | Tome quatrième. | A Amsterdam | MDCCLXXIV. B. N. : G 28108 bis.

Ce volume in-12 a 495 pages comme le G 28099, mais il est de tirage différent.

Sous la cote E 19324, la Bibliothèque de Grenoble possède l'exemplaire complet de cette édition, avec un atlas in-4°. La pagination est la même que dans l'exemplaire de la Bibl. nat. : G 28096-102.

DEUXIÈME ÉDITION

36. HISTOIRE | PHILOSOPHIQUE | ET | POLITIQUE | DES ÉTABLISSEMENS ET DU COMMERCE DES | EUROPÉENS DANS LES DEUX INDES. | Tome Premier. | A La Haye | chez Gosse fils | MDCCLXXIV, 7 vol. in-8. — B. N. : G 28123-9.

T. I de XII + 604 p. (l. I, p. 1), (l. II, p. 195), (l. III, p. 359).

Table des chapitres p. VII. Il y en a 64. La numérotation
n'est pas interrompue par la division en livres. Ils
sont précédés d'une Introduction de 33 pages. — Table
des matières [alphabétique], p. 579. — *Errata* p. 604. —
Carte pour servir à l'*Histoire* par Mʳ Bonne, Mᵗʳ de
Mathématiques : Europe, Afrique orientale, Asie.

Le volume est précédé de cet *Avertissement* :

Les lecteurs qui ont accordé un peu d'attention à
l'HISTOIRE PHILOSOPHIQUE ET POLITIQUE DES ÉTABLISSEMENS ET
DU COMMERCE DES EUROPÉENS DANS LES DEUX INDES, ont démêlé
sans peine que ce livre ne pouvoit pas avoir été composé
tel qu'il est imprimé. Les éditions se ressemblent toutes,
parce toutes ont été réduites à copier la première, faite
visiblement sur un manuscrit informe ou altéré.

Voici enfin l'ouvrage, tel qu'il est sorti des mains de
l'auteur. Il s'y trouvera encore trop d'erreurs : mais on
aura quelque indulgence pour un écrivain disposé à pro-
fiter des lumières que les gens instruits voudront bien lui
communiquer.

Comme la connaissance des monnoies étrangères n'est
pas commune, on a pris le parti de les réduire en livres
tournois. En voici l'évaluation.

Suit le tableau des monnaies, p. V et VI.

T. II de VIII + 434 p. — Au titre, un fleuron différent
du premier. (Table des chapitres [50], p. III) ; (l. IV,
p. 1), (l. V, p. 195). (Table des matières, p. 415), (*Errata*
p. 433). Même carte.

T. III de XII + 612 p. — Au titre, même fleuron que
celui du t. I. (Table des chapitres [59], p. III), (l. VI,
p. 1), (l. VII, p. 151), (l. VIII, p. 305), (l. IX, p. 445). (Table des matières, p. 593). (*Errata*, p. 611). Carte de
l'Amérique du Sud et de l'Afrique occidentale.

T. IV de VII + 417 p. — Au titre, même fleuron que
celui du t. II. (Table des chapitres [49], p. III), (l. X,
p. 1), (l. XI, p. 141), (l. XII, p. 281). (Table des matières, p. 401). (*Errata*, p. 417). Même carte qu'au t. III.

T. V, de XII + 416 p. — Au titre, même fleuron que
celui du t. I. (Table des chapitres [62], p. V), (l. XIII,

p. 1), (l. XIV, p. 247). (Table des matières, p. 403). (*Errata*, p. 416). Carte du golfe du Mexique.

T. VI de VIII+406 p. — Au titre, même fleuron que celui du t. II. (Table des chapitres [66], p. III), (l. XV, p. 1), (l. XVI, p. 117), (l. XVII, p. 241). (Table des matières, p. 391). (*Errata*, p. 406). Carte de l'Amérique septentrionale.

T. VII de VIII+448+4 p. — Au titre, même fleuron que celui du t. I. (Table des chapitres [47], p. V), (l. XVIII, p. 1), (l. XIX, p. 201). (Table des matières, p. 425). Même carte qu'au t. VI. Ensuite vient l'explication des Estampes qui se trouvent à la tête de cha-volume et dont je reproduis le texte :

« Tome I : La cérémonie dans laquelle l'Empereur de la Chine conduit la charrue, désigne l'honneur qu'on rend dans cet Empire au premier de tous les Arts, et le respect qu'on doit dans tous les pays et dans tous les siècles aux Agriculteurs, sans lesquels il n'y a ni société, ni véritable richesse. — Tome II : L'Abondance avec un visage riant, répand des espèces monnoyées pour échange de quantité de ballots que des facteurs font porter près d'elle, et qui renferment les épiceries et les marchandises que fournissent les Indes. — Tome III : Un philosophe, dans un mouvement d'indignation trace sur une colonne ces mots : AURI SACRA FAMES, etc. On voit dans l'éloignement des vaisseaux Espagnols et Portugais en rade ; et sur la terre une troupe de guerriers massacrant des hommes qui fuient et en enchaînant d'autres qu'ils destinent aux travaux des mines. — Tome IV : La Nature, représentée par une femme, nourrit à la fois et avec le même intérêt, un enfant blanc et un enfant noir. Elle regarde avec compassion des Nègres esclaves que l'on voit dans l'éloignement travailler à des sucreries où ils sont maltraités par ceux qui les gouvernent. — Tome V : Un événement atroce, arrivé à la Barbade, a fourni le sujet de cette planche. Un jeune Anglais, sauvé des mains des Caraïbes par une Indienne, vend sa libératrice. Ce fait est rapporté à la page 271 de ce volume. — Tome VI : L'Industrie caractérisée par une figure ailée, appelle des Sauvages à qui elle montre une charrue, un métier, un levier et des poulies. Ces Sauvages se rassemblent pour faire usage des nouveaux bienfaits qui leur sont offerts. Tome VII : Un Pays cultivé, orné de villages, présente des ports remplis de vaisseaux. Sur le devant de la scène, paraissent deux Quakers, dont l'un embrasse de jeunes Indiens comme ses frères, et l'autre rompt et jette loin de lui des arcs et des flèches, symboles des divisions et des guerres. »

On lit au bas des estampes les indications suivantes : t. I : « C. Eisen inv. **D. Née sculp.** 1773 » ; t. II : « Ch. Eisen del. De Longueil Sculp. » ; t. III : « C. Eisen inv. et fecit 1773. De Longueil Sculp. » ; t. IV : « Car. Eisen del. Car. Gaucher ex academ. art. Lond. incid. 1773 » ; t. V : « Car. Eisen del. N. de Launay sculp. 1773 » ; t. VI : « Eisen inv. Helman sculp. 1773 » ; t. VII : « C. Eisen inv. 1773. Masquelier sculp. ». Il n'y a pas de portrait de Raynal.

Dans l'exemplaire que je possède de cette édition, un 8e volume, relié comme les 7 précédents, portant au dos l'inscription HISTOIRE || DES | DEUX INDES || VIII ; contient les 2 tomes de l'ouvrage suivant :

ÉTAT CIVIL, || POLITIQUE || ET COMMERÇANT | DU BENGALE || OU | *Histoire des Conquêtes et de l'Adminis-tra || tion de la Compagnie Angloise dans || ce pays : || Pour servir de suite à l'Histoire Philosophique || et Politique.* || Tome Premier. || A La Haye. || Chez Gosse, Fils. | MDCCLXXV, in-8 de XLII + 222 pages + [tome II], 240 pages.

D'après la Préface du traducteur (p. XXI), l'auteur de cet ouvrage est un Anglais « M. Bolts », on lit à la p. XX : « L'Auteur éloquent de l'*Histoire Philosophique et Politique des Etablissemens Européens dans les deux Indes*, nous a déjà fait connaître en partie la situation du Bengale ; mais le plan de son ouvrage ne lui permettait pas d'entrer dans les détails que donne celui-ci, qui peut servir de supplément au sien. »

Cette particularité montre comment on a pu attribuer à Raynal cet ouvrage de Bolts.

C'est à tort que le catalogue de la Bibliothèque Sainte-Geneviève mentionne sous la cote 8° Q 16 une édition en 7 vol. in-8°, 1774 à Amsterdam. Il s'agit d'un exemplaire de la présente édition.

37. HISTOIRE|PHILOSOPHIQUE|... A La Haye,MDCCLXXIV, 7 vol. in-8. — B. N. : G 28109-15 (les t. II et VI manquent) ; Bib. de Bordeaux 19854 (le t. I manque). Mêmes estampes que dans la précédente, sans portrait.

T. I de XII + 4 + 584 p. ; t. II de XII + 409 + 2 p. ; t. III de XIII + 576 + 2 p. ; t. IV de XII + 507 + 1 p. ; t. V de XII + 406 + 1 p. ; t. VI de VI + 375 ; t. VII de XI + 430 p. Au t. V, explication des estampes, au t. VII mention : « Chez Gosse Fils ».

A cette édition se rapportent les 4 volumes de *Suppléments* de 1781 contenant les additions de 1780 avec les références au texte de 1774. Cf. n° 72.

38. HISTOIRE | PHILOSOPHIQUE |... A La Haye, chez Gosse Fils | MDCCLXXIV, 7 vol. in-8. — B. N. : G 28116-22. Les estampes sont les mêmes que dans l'édition précédente. Mais le portrait de Raynal se trouve au frontispice du t. I. Le t. VII manque.

T. I de 438 p. ; t. II de 312 p. ; t. III de 440 p. ; t. IV de 301 p. ; t. V de 296 p. ; t. VI de 287 p. A partir du t. IV, les titres ne portent plus la mention : « Chez Gosse Fils ».

L'exemplaire correspondant à la cote G 28130-6 manque.

L'Inventaire alphabétique de l'Histoire générale indique sous la cote 28131-7 une édition de 1776 cotée réellement 28152-8, et fourmille d'erreurs à partir de 28103.

39. HISTOIRE|PHILOSOPHIQUE|... A La Haye, chez Gosse Fils | MDCCLXXIV, 7 vol. in-12. — B. N. : G 28137-43. — Il n'y a pas d'estampes. Les t. II, III et V manquent.

T. I de 544 p. ; t. IV de 415 p. ; t. VI de 594 p. ; t. VII de 443 p.

40. HISTOIRE | PHILOSOPHIQUE | ET | POLITIQUE | DES ÉTA-

BLISSEMENS ET DU COMMERCE DES EUROPÉENS DANS | LES
DEUX INDES. | Tome Premier | A Genève | chez les Li-
braires associés | MDCCLXXV. — 3 vol. in-4. — B. N. :
Rés. G. 1315-7.

T. I de VIII + 719 p. — Beau fleuron au titre avec
cette mention « C. F. (?) Marillier inv. ». On lit aux
p. I-II :

AVIS DES ÉDITEURS SUR CETTE NOUVELLE ÉDITION IN-4° :

L'Histoire philosophique et politique des Européens dans
les deux Indes a fait époque dans le siècle de notre littérature. Nous n'entreprendrons point d'en faire l'éloge, qui
seroit toujours inférieur à son mérite. Il est peu de litté-
rateurs, peu de particuliers même qui n'aient lu cet ouvrage avec avidité : il en est peu qui n'aient admiré les
sentimens d'humanité, de patriotisme et de philosophie
qui y sont partout répandus.

C'est cette approbation universelle, cet empressement
général, qui nous ont déterminés à en donner au public
une nouvelle édition dans le format in-4°, afin que cet
excellent ouvrage puisse se trouver dans tous les cabinets
à sa véritable place.

L'auteur a mis la dernière main à son ouvrage en pu-
bliant l'édition en 7 volumes in-8° avec des cartes et des
figures : c'est cette édition qui nous a servi de guide pour
celle-ci : nous l'avons enrichie du portrait de l'auteur, et
de trois vignettes relatives au sujet. La table des matières,
qui était placée à la fin de chaque volume in-8°, se trouve
refondue en entier à la fin de notre troisième volume, ce
qui est beaucoup plus commode pour le lecteur.

L'auteur avoit jugé à propos de changer ou supprimer
quelques passages dans sa dernière édition en 7 volumes ;
ce qui faisoit rechercher par plusieurs personnes les premières. Pour ne rien laisser à désirer dans celle-ci, on a
rétabli ces passages en les plaçant au bas des pages par
forme de variantes.

Avertissement de l'édition in-8° en 7 volumes, p. III. —
Table des chapitres p. III [III *bis*]. Il y en a 129. Leur
numérotation n'est pas interrompue par la division en
livres. Ils sont précédés d'une Introduction de 21 p. :

(l. I, p. 21), (l. II, p. 121), (l. III, p. 227), (l. IV, p. 367), (l. V, p. 495), (l. VI, p. 629).

T. II de VIII + 662p. — Au titre, fleuron différent : simples arabesques. Après le titre, une carte de l'Amérique méridionale et de l'Afrique occidentale. Après le Tableau des chapitres, une carte du golfe du Mexique. — Table des [127] chapitres, p. I ; (l. VII, p. 1), (l. VIII, p. 97), (l. IX, p. 181), (l. X, p. 272), (l. XI, p. 355), (l. XII, p. 441), (l. XIII, p. 513).

T. III de VIII + 658 + IV p. — Au titre, arabesques différant de celles du t. II. Après la table des chapitres une carte de l'Amérique du Nord. — Table des [119] chapitres, p. I ; (l. XIV, p. 1), (l. XV, p. 97), (l. XVI, p. 167), (l. XVII, p. 241), (l. XVIII, p. 321), (l. XIX, p. 453). (Table des matières [alphabétique et renvoyant aux 3 volumes malgré la mention du titre de la table « Livre Premier », les p. 586 et 587 sont numérotées 2 et 3], p. 585.)

A la fin du volume p. I-IV : Explication des estampes. Le texte est le même que celui qu'on peut lire au t. VII de l'édition 1774 in-8 que j'ai reproduit plus haut [n° 36]. Mais on lit en première ligne : Portrait de l'Auteur, et à la page IV : *Explication des vignettes qui sont à la tête de chaque volume :*

VIGNETTE **du** PREMIER VOLUME. Elle représente la révolution arrivée depuis peu en Suède et prédite par l'auteur.

VIGNETTE DU SECOND VOLUME. On y voit l'instant où le dominicain Valverdé présente son bréviaire à l'empereur du Mexique qui le rejette ; le moine alors ordonne aux Espagnols de faire feu sur les Mexicains.

VIGNETTE DU TROISIÈME VOLUME. On y a représenté l'événement singulier de deux nègres amis qui étoient épris des charmes d'une négresse et qui se poignardent après avoir massacré leur amante.

Au frontispice du t. I se trouve le portrait de Raynal : profil à gauche, demi-buste, costume ecclésiastique. Sous le portrait figure la mention : G^{me} T^{mas} Raynal. | *De la Société Royale de Londres et de l'Académie* |

des Sciences et Belles-Lettres de Prusse | C.-N. Cochin del. L. Legrand sculp. (1).

La 1re estampe regarde la p. 1 et la 2e la p. 367 du t. I ; la 3e regarde la p. 1 et la 4e la p. 271 du t. II ; la 5e la p. 1, la 6e la p. 97 et la 7e la p. 331 du t. III.

On a fait beaucoup de réclame en faveur de l'édition in-4° de 1780 qu'on déclarait devoir surpasser toutes les précédentes en magnificence typographique. C'est faux : les caractères de celles-ci sont plus nets et plus beaux ; les estampes plus nombreuses et plus soignées comme exécution, de même que les vignettes et les fleurons. En haut de chaque page, au recto, est indiqué le numéro du livre auquel appartient la page. Mais ce qui en fait surtout le prix, c'est qu'elle contient les passages du texte primitif modifiés en 1774, ou plutôt quelques-uns de ces passages ; car elle est loin de constituer une véritable édition critique. Si incomplètes qu'elles soient, l   antes ainsi recueillies, montrent bien le sens des changements apportés par l'auteur ; l'éditeur ne semble pas avoir choisi les unes en vue de masquer les autres, pour donner le change aux lecteurs.

Entre autres passages modifiés qu'omet de signaler la présente édition, je relève celui que les contemporains avaient fort remarqué parce qu'il contenait la « prédiction littérale et entière » (2) de la Révolution arrivée en Suède le 19 août 1772. La vignette du t. I montre que l'éditeur en connaissait l'importance. Le texte primitif qui, écrit avant les événements, prouve la perspicacité de l'historien, n'a pas été publié dans cette édition, et plus tard l'auteur n'a pas cru devoir rappeler qu'il avait été prophète. Je cite ce texte en regard du texte de la 2e édition.

(1) La 3e estampe de l'exemplaire de la Bibliothèque de Genève, E, 308, porte « *Miri* sacra fames », au lieu de « *Auri*... »

(2) [BACHAUMONT] : *Mémoires*, t. VI, p. 123 (18 nov. 1772).

La pauvreté n'est pas toutefois la plus dangereuse maladie qui travaille actuellement la Suède. L'État a bien plus à craindre de l'esprit de vertige qui a plongé cette vaillante et généreuse nation dans un abîme de dégradation qui afflige amèrement tous les cœurs sensibles. Une corruption générale y franchit depuis long-temps toutes les bornes. La détermination arrêtée de tout rapporter à son intérêt, a rempli de défiances la cour, le sénat, tous les ordres de la république. On a travaillé à se détruire réciproquement avec un acharnement qui n'a point d'exemple. Lorsque les moyens manquoient, on a été les chercher au loin, et l'on n'a pas rougi de conspirer en quelque manière avec des étrangers contre sa patrie. Elle a été livrée à de faux et puissans amis qui l'opprimeront infailliblement.

Si le zèle et la bonne foi n'étoient l'âme de cet ouvrage, nous aurions dissimulé à nos lecteurs la malheureuse situation où se trouve réduit un état libre. Les réflexions que ce tableau présente sont très propres sans doute à nourrir l'esprit de servitude qui règne dans la plupart des contrées de l'Europe. On ne manquera pas de voir dans la liberté de la Suède la source de tous ses maux, et de bénir les chaînes des autres nations. Mais il est d'autres causes qui la privent des avantages de sa constitution. Il est certain que la liberté y excède ses bornes naturelles, qu'elle y tient beaucoup de l'anarchie, que les droits de l'individu n'y sont pas assez heureusement combinés avec les droits de la société, et que les mouvemens de chaque membre ne s'y prêtent pas assez aux besoins de tout le corps pour le soutenir et en être aidés. D'ailleurs une dépopulation considérable, triste fruit des guerres, laisse de grands vuides entre les habitans isolés les uns des autres, et s'oppose aux progrès, à la multiplication des idées qui doivent éclairer un peuple qui veut se conduire lui-même. Ainsi, quoique dans les grandes opérations

La pauvreté n'étoit pas toutefois la plus dangereuse maladie qui depuis quelque temps travailloit la Suède : de plus grandes calamités la bouleversoient. L'intérêt particulier, qui avait pris la place de l'esprit public, remplissoit de défiance la cour, le sénat, tous les ordres de la république. On cherchoit à se détruire réciproquement avec un acharnement qui n'avoit point d'exemple. Lorsque les moyens manquoient, on alloit les chercher au loin ; et l'on ne rougissoit pas de conspirer en quelque manière avec des étrangers contre sa patrie.

La malheureuse situation où se trouvoit réduit un état qui paroissoit libre, nourrissoit l'esprit de servitude qui avilit la plupart des contrées de l'Europe. Elles se vantoient de leurs fers en voyant les maux que souffroit une nation qui avoit brisé ses chaînes. Personne ne vouloit voir que la Suède avoit passé d'un excès à un autre, que pour éviter l'inconvénient des volontés arbitraires, on étoit tombé dans les désordres de l'anarchie. Les loix n'avoient pas su concilier les droits particuliers des individus, avec les droits de la société, avec les prérogatives dont elle doit jouir pour la sûreté commune de tous ceux qui la composent.

Dans cette fatale crise, il convenoit à la Suède de confier au fande ce gouvernement on voie souvent la bonne foi réunie au courage d'entreprendre, au pouvoir d'exécuter, il ne faut pas s'étonner qu'il n'en ait pas résulté un meilleur plan.

Dans les gouvernemens monarchiques un heureux hasard peut donner un bon souverain, un bon ministre, qui rendent assez rapidement à l'état ses mœurs, sa force, sa considération. Le bon esprit n'est pas si-tôt ramené dans les associations libres. Les factions qui les divisent empêchent long-temps de voir le mal, et leur jalousie les éloigne réciproquement de concourir au rétablissement de l'ordre. Dans cette situation, le meilleur parti peut-être est de confier à un seul assez d'autorité pour étouffer les haines, pour ranimer l'amour du bien public. Plusieurs anciennes républiques tirèrent un grand avantage de cette politique et nous ne craindrons pas de prédire à la Suède qu'elle ne sortira de l'affreuse anarchie où elle est plongée, que lorsqu'elle aura remis au fantôme de roi qu'elle a formé un pouvoir suffisant pour sonder les plaies de l'état et y appliquer les remèdes convenables. C'est le plus grand acte de souveraineté que puisse faire une nation et ce n'est pas perdre sa liberté que d'en remettre la direction à un dépositaire de confiance, en veillant soi-même à l'usage qu'il fera de ce pouvoir commis. Mais il est temps de revenir de l'espece d'écart où nous a entraîné la compagnie de Suède pour parler de celle d'Embden établie par le roi de Prusse. (*Hist. des Indes*, éd. 1775 [n° 33, t. II, p. 258-261).

tôme de roi qu'elle avoit formé, un pouvoir suffisant pour sonder les plaies de l'état, et pour y appliquer les remèdes convenables. C'est le **plus** grand acte de souveraineté que puisse faire un peuple ; et ce n'est pas perdre sa liberté que d'en remettre la direction à un dépositaire de confiance, en veillant à l'usage qu'il fera de ce pouvoir commis.

Cette résolution auroit comblé les Suédois de gloire et fait leur bonheur. Elle auroit rempli les esprits de l'opinion de leurs lumières et de leur sagesse. En se refusant à un parti si nécessaire, ils ont réduit le chef de l'état à s'emparer de l'autorité. Il regne aux conditions qu'il a voulu prescrire ; et il ne reste à ses sujets de droits, que ceux dont sa modération ne lui a pas permis de les dépouiller.

Nous ne sommes pas placés à la distance convenable pour occuper nos lecteurs de cette révolution : la postérité jugera. Il faut parler des liaisons formées aux Indes par le roi de Prusse. (*Hist. des Indes*, éd. 1775, t. I, p. 523-4).

N. B. — *Quand je cite l'« Histoire des Indes », éd. 1775, les références correspondent à cette édition.*
40 *bis* *Histoire philosophique...* Genève, s. d., 3 vol. in-4° de même pagination que la précédente. — Bib. de Dijon, 20025 *bis*.
41. HISTOIRE PHILOSOPHIQUE | ET | POLITIQUE | DES ÉTA-BLISSEMENS ET DU COMMERCE DES | EUROPÉENS DANS LES

DEUX INDES. | Tome Premier. | A Mæstricht, | chez Jean-Edme Dufour, Imprimeur et | Libraire | MDCCLXXV. — 7 volumes in-8. — B. N. : G 28145-51.

T. I. de 437 p.; t. II de 316 p.; t. III de 440 p.; t. IV de 301 p.; t. V de 296 p.; t. VI de 287 p.; t. VII de 326 p. (non comprises les pages préliminaires). Édition homogène : pagination presque semblable à celle du n° 38.

42. *Histoire Philosophique...* La Haye, 1775, 6 vol. in-8, d'après Quérard. Il dit que les 4 volumes de *Suppléments*, décrits au n° 72, se réfèrent à cette édition. Bien que je ne possède pas le 4ᵉ volume, il se réfère sûrement à un t. VII, puisque la dernière addition du 3ᵉ volume renvoie à la p. 360 du t. VI et qu'on lit en dernière page : « Fin du livre dix-septième et du tome III. »

43. HISTOIRE | PHILOSOPHIQUE ET | POLITIQUE | DES ÉTABLISSEMENS ET DU COMMERCE DES | EUROPÉENS DANS LES DEUX INDES. | Tome Premier. | A La Haye, chez Gosse Fils ! MDCCLXXVI, 7 vol. in-12. — B. N. : G 28152-8.

T. I de XII+664 p.; t. II de VIII+488 p.; t. III de VIII+672 p.; t. IV de VIII+468 p.; t. V de XII + 467 p.: t. VI de VIII + 438 p.; t. VII de VIII+484 p. — Mêmes estampes qu'en 1774, sans portrait de Raynal. Une carte à la fin de chaque volume.

TROISIÈME ÉDITION

44. HISTOIRE | PHILOSOPHIQUE | ET POLITIQUE | DES ÉTABLISSEMENS ET DU COMMERCE | DES EUROPÉENS DANS LES DEUX INDES. | Par Guillaume-Thomas RAYNAL. | Tome Premier. | A Genève | chez Jean-Léonard Pellet. Imprimeur de la | Ville et de l'Académie | MDCCLXXX. — 4 vol. in-4° +1 atlas in-4°. — B. N. : Collection Angrand, 434-8 et G 6555-8.

T. I de XVI+741+1 p.; t. II de VIII + 485 + 1 p.; t. III de XV+629+1 p.; t. IV de VIII + 770 + 1 p.

ATLAS | DE | TOUTES LES PARTIES CONNUES | DU | GLOBE TERRESTRE | DRESSÉ | POUR L'HISTOIRE PHILOSOPHIQUE ET POLITIQUE DES ÉTABLISSE | MENS ET DU COMMERCE DES

EUROPÉENS DANS LES DEUX INDES | — in-4°, s. l. n. d., contenant une *liste des cartes* de 2 p. 'non chiffrées et une *Analyse succincte* de 28 p.; 49 cartes géographiques et 22 tableaux statistiques, dont le plus récent est rédigé en 1778.

En tête du t. I est un nouveau portrait de Raynal qui sera reproduit désormais dans la plupart des éditions in-8. Le visage est presque de face. Le costume n'a plus rien d'ecclésiastique. L'auteur, assis devant sa table est en train d'écrire. A portée de sa main, on voit trois volumes in-4° reliés, sur deux desquels on lit : *Enciclo-pédie* (sic). Au-dessous du portrait, la mention GUIL-LAUME THOMAS RAYNAL, puis une vignette allégorique occupe un quart de la page. On distingue une douzaine de personnages au milieu desquels la Vérité brandit un soleil. Au-dessous de la vignette, on lit : « Au défenseur de l'Humanité, de la Vérité, de la Liberté. ELIZA DRAPER. » | *Dessiné par C. N. Cochin, gravé par N. de Launay.*

Les estampes qui figurent en tête de chaque volume sont également nouvelles et seront reproduites dans la plupart des éditions in-8, en tête de chaque volume (soit le portrait de Raynal + neuf estampes). Il n'y en a ici que 4 : dont les légendes sont les suivantes : t. I « Voilà la monnaie des tributs que paye le roi de Portugal » ; t. II « Les Espagnols se rendent maîtres de Montézuma dans Mexico même » ; t. III « un Anglais de la Barbade vend sa maîtresse » ; t. IV « Bienfaisance d'une famille sauvage du Canada envers des Français ». On trouvera la liste complète des estampes dans la description du n° 26.

Les chapitres sont distribués par livres. Il y a une table alphabétique à la fin de chaque volume, aux p. 715, 469, 609 et 707.

45. HISTOIRE | PHILOSOPHIQUE | ET | POLITIQUE | DES ÉTABLISSEMENS ET DU COMMERCE | DES EUROPÉENS DANS LES DEUX INDES. | Par Guillaume-Thomas RAYNAL. | Tome Premier. | A Genève | chez Jean-Léonard Pellet, Imprimeur de | la Ville et de l'Académie | MDCCLXXX,

10 vol. in-8. — B. N. : G 28159-68. Portrait de Raynal
en première page, semblable à celui de l'édition in-4°
de 1780.

T. I, XVI-532 p.; t. II, VIII-582 p.; t. III, VII-580 p.;
t. IV, VII-472 p.; t. V, VII-405 p.; t. VI, VII-484 p.; t. VII,
XVI-558 p.: t. VIII, VIII-548 p.; t. IX, VIII-412 p.; t. X,
VI-538 p.

La Bibliothèque nationale possède deux autres exemplaires de cette édition : *a*) Réserve 2613-22, 10 volumes
in-8 reliés en maroquin plein vert. Sur le premier plat
de chaque volume est gravée en lettres d'or la mention : « Monsieur de Limon » ; — *b*) Réserve 2623-32,
10 volumes in-8 reliés en veau plein aux armes de
Marie-Antoinette. Un quatrième existe à la Bibliothèque de l'Arsenal, sous la cote 11676. Aucun d'entre eux
ne m'a paru relié de façon à s'ouvrir de lui-même aux
pages les plus hardies. (Cf. A. FEUGÈRE : *L'abbé Raynal*,
p. 279.)

46. *Histoire philosophique...* Genève, 1780, 10 vol.
in-12. — Bib. de la Soc. économique de Fribourg-en-
Suisse, D D b 604.

A partir de 1780, tous les exemplaires que je connais
ont le même titre et la mention « par Guillaume-
Thomas Raynal ».

47. *Histoire philosophique...* Genève, J.-L. Pellet,
1780, 8 vol. in-12. — B. N. : G 28169-76.

48. *Histoire philosophique...* Genève, 1780-1, 10 vol.
in-12. (D'après Quérard).

49. *Histoire philosophique...* Genève 1780-1, 10 vol.
in-8. (D'après Quérard).

50. *Histoire philosophique...* Genève, J.-L. Pellet,
1781, 5 vol. in-4. D'après Renouard (cr. n° 364) dont
l'exemplaire est précieux comme recueil d'estampes :
« Toutes les gravures, dit-il, y sont doubles et triples,
avant lettre, avec eaux-fortes. On a ajouté les gravures
plus nombreuses de l'in-8 et celles de toutes les éditions
antérieures. » (T. IV, p. 188.)

51. HISTOIRE | PHILOSOPHIQUE | ET | POLITIQUE | DES
ÉTABLISSEMENS ET DU COMMERCE | DES EUROPÉENS DANS

LES DEUX INDES. | Par Guillaume-Thomas RAYNAL. |
Tome Premier. , A Genève | Chez Jean-Léonard Pellet,
Imprimeur | de la Ville et de l'Académie | MDCCLXXXI.
Je possède cet exemplaire qui n'est pas à la Bib. nat.
et que ne mentionnent pas les bibliographes.

T. I de XII-352 p. — *Avertissement*, p. V. — Table
des indications p. IX : C'est la table des chapitres, qui
sont numérotés à partir de l'unité pour chaque livre
(de même que dans les autres éditions in-8 et in-12
depuis 1780) : — (l. I, p. 1), (l. II, p. 184) : — 2 tableaux
statistiques après la p. 316 : — table alphabétique des
matières contenues dans ce volume, p. 317.

T. II de X-364 p. — Table des indications, p. V : —
(l. III, p. 1) ; 1 tableau après la p. 164 ; — (l. IV, p. 165) ;
3 tableaux après la p. 340 ; — Table alphab... p. 341.

T. III de V-364 p. — Table des indications, p. I ; —
(l. V, p. 1), (l. VI, p. 197). — Table alphabétique, p. 347.

T. IV de VI-298 p. — Table des indications, p. I : —
(l. VII, p. 1), (l. VIII, p. 151) ; — 3 tableaux après la
p. 278. — Table alphab..., p. 281.

T. V de IV-256 p. — Table des indications, p. I : (l. IX,
p. 1) ; 1 tableau après la p. 132 ; — (l. X, p. 133) ;
— Table alphab..., p. 241.

T. VI de VI-304 p. — Table des indications, p. I :
(l. XI, p. 1), (l. XII, p. 173) ; — 6 tableaux après la p. 284.
— Table alphab..., p. 285.

T. VII de 354 p.; — (l. XIII, p. 1) : — 1 tableau après
la p. 210 ; — (l. XIV, p. 211) : — Table des indications,
p. 330, non chiffrée ; 3 tableaux avant la p. 337 ; -
Table alphab..., p. 337.

T. VIII de VIII-352 p. - Table des indications, p. I :
— (l XV, p. 1), (l. XVI, p. 85), (l. XVII, p. 189). — Table
alphab..., p. 317.

T. IX de 268-IV p.: (l. XVIII, p. 1) ; — 3 tableaux.
Table alphab..., p. 233. — Table des indications, p. I.

T. X de I-352 p. — Table des indications ; (l. XIX,
p. 1). — Table alphab..., p. 293.

Les estampes figurent en tête de chaque volume. En
voici la description : au t. I, portrait de Raynal, sem-

blable à celui de l'édition in-4° [n° 44], sans la vignette qui l'accompagnait là. On ne voit plus ici que le haut du buste. Au-dessous la mention « Guillaume-Thomas Raynal ». — Au t. II, « Les Anglais demandent pardon à Aurengzeb qu'ils ont offensé. » A droite, le prince assis sur un trône élevé entouré de gardes, à gauche trois Anglais tête nue prosternés devant lui. — Au t. III, « Les Espagnols se rendent maîtres de Montézuma dans Mexico même. » Au centre, le prince sur un palanquin ombragé par un dais, précédé par Cortès ou quelque autre chef espagnol. — Au t. IV, « François Pizarre assassiné par une troupe de conjurés. » Son cou est transpercé par une épée. Il brandit encore la sienne. Quatre guerriers sont étendus à ses pieds. — Au t. V, « Voilà les tributs que paye le roi de Portugal » [l. I, ch. 14]. A gauche, Albuquerque montre des boulets, des grenades, des sabres et des mousquets jetés à ses pieds. A droite, l'envoyé du roi de Perse l'écoute d'un air surpris. — Au t. VI, « Ouragan aux Antilles » : une femme s'enfuit ayant un enfant sur le bras, tandis qu'un autre s'accroche à sa jupe. Autour d'elle, volent les débris de sa cabane. — Au t. VII, « Un Anglais de la Barbade vend sa maîtresse. » A gauche, l'Anglais reçoit une bourse que lui tend l'acquéreur placé au centre. A droite, la négresse dans l'attitude de l'horreur et du désespoir. — Au t. VIII, « Bienfaisance d'une famille sauvage du Canada envers des Français. » A gauche, trois Français dans l'attitude de la prière. A droite, vêtu de peaux de bêtes, le bon Canadien fait un geste de bon accueil. — Au t. IX, « Penn achète des sauvages le pays qu'il veut occuper. » Au centre, Penn déballe sa pacotille. A gauche, ses compagnons. A droite et au centre, les sauvages. — Au t. X, « Esclaves conduits par des marchands. » Au premier plan, trois nègres accroupis se reposent. Debout, un marchand vêtu à l'antique, armé d'une pique, d'un arc et d'un glaive, l'air dur ,le geste impérieux. Au 2ᵉ et au 3ᵉ plan, défilent des nègres enchaînés.

N. B. — *Quand je cite l'« Histoire des Indes », les*

références, sauf indication contraire, correspondent à cette édition.

52. *Histoire philosophique...* Genève, J.-L. Pellet, 1781, 10 vol. in-8. — Bibl. de Metz : G 1279-88.

T. I de XVI+348 p., 2 tableaux ; t. II de XII+378 p., 5 tableaux ; t. III de VII+372 p.: t. IV de XII+308, 3 tableaux ; t. V de VII+259 p., 1 tableau ; t. VI de XII+308 p.; 4 tableaux ; t. VII manque ; t. VIII de XII+352 p.; t. IX de VIII+362 p., 3 tableaux ; t. X de VI+348 p. Estampes au frontispice de chaque volume. Sous la cote F 950 : *Atlas* in-4 s. l. n. d. de 22 p. de texte et 49 cartes.

53. *Histoire philosophique...* Genève, 1781, 10 vol. in-12. — B. N. ; G 28177-85.

Le t. VI manque.

54. *Histoire philosophique...* Genève, J.-L. Pellet, 1782, 10 vol. in-8. — Bib. de Bordeaux 19856.

Même pagination que le n° 52, sauf quelques chiffres des pages préliminaires : t. I de X p., t. III de XI p., t. V de XI p., t. IX, de VII p. Le t. VII a XVI-359 p.

55. *Histoire philosophique...* Genève, J.-L. Pellet, 1783, 10 vol. in-8. — Bib. univ. de Rennes, 53021.

T. I de XVI+346 p., 2 tableaux ; t. II de XII+376 p., 4 tableaux ; t. III de XI+370 p.: t. IV de XI+308 p.. 3 tableaux ; t. V. de XI+258 p., 1 tableau : t. VI de XII+308 p., 5 tableaux : t. VII de XII+358 p., 4 tableaux : t. VIII de XII+350 p.; t. IX de VIII+260 p., 3 tableaux ; t. X de VI+344 p.

Estampes au frontispice de chaque volume. Sous le portrait de Raynal, on lit « de la Rue sc. à Bruxelle ».

56. *Histoire philosophique...* A Neuchâtel et à Genève, chez les libraires associés, 1783-4. 10 vol. in-8. — B. N. : G 28187-96 et Bib. Ste-Geneviève : [Delta] 65541. Les 9 premiers volumes sont datés de 1783. Le t. IX contient les chapitres 49-52 du 18e livre et le 19e et dernier livre (*Tableau de l'Europe*).

Le t. X est intitulé : RECUEIL | DE DIVERSES PIÈCES | SERVANT DE SUPPLÉMENT A | L'HISTOIRE , PHILOSOPHIQUE ET POLITIQUE DES ÉTABLISSEMENS ET DU COMMERCE DES | EU-

ROPÉENS DANS LES DEUX INDES | par Guillaume-Thomas RAYNAL. | A Neuchâtel et à | Genève | chez les libraires associés | MDCCLXXXIV, 420 p.

Ces diverses pièces sont :

A) *Lettre adressée à l'abbé Raynal sur les affaires de l'Amérique septentrionale, où l'on relève les erreurs dans lesquelles cet auteur est tombé en rendant compte de la révolution de l'Amérique*, traduite de l'Anglais de M. Thomas PAYNE, auteur du pamphlet intitulé *Le sens-commun* et autres ouvrages. Philadelphie 1782, p. 1.

Dans une introduction anonyme, on proteste contre le vol commis au préjudice de Raynal par l'éditeur de la *Révolution de l'Amérique* (Londres Lockyer Davis 1781, in-8) : « J'assure, déclare-t-on, que j'ai trouvé dans l'ouvrage de l'abbé Raynal des déclarations et des sentiments que je ne m'attendais pas à y rencontrer ; un plus mûr examen l'aurait peut-être porté à les changer ; le vol qui le prive de son manuscrit lui en ôte les moyens et il se trouve engagé par les suites d'une avanie étrangère dans des difficultés qu'il aurait peut-être évitées. » (P. 8). On sait que la *Révolution de l'Amérique* n'est qu'un tirage à part d'une partie du 18e livre de l'*Histoire des Indes* publié dès l'année 1780. Cette préface, peut-être inspirée par Raynal, semble avoir pour but et a sûrement pour effet d'égarer le lecteur en lui faisant croire qu'il s'agit là de deux ouvrages distincts.

B) *Arrêt de la Cour de Parlement qui condamne un imprimé en dix volumes intitulé* HISTOIRE PHILOSOPHIQUE......, p. 127.

C) *Censure de la Faculté de Théologie de Paris contre un ouvrage intitulé* HISTOIRE PHILOSOPHIQUE......, p. 151.

D) *La nymphe de Spa*, p. 428.

Ces *Pièces* sont imprimées séparément, cf nos 94 et 95.

Il y a deux portraits de Raynal : celui de 1780 au t. I et celui de 1774 au t. X dans l'exemplaire de la Bib. nat. L'ordre est interverti dans l'exemplaire de la Bib.

Sainte-Geneviève. Je n'ai pas relevé d'autres différences entre ces deux exemplaires.

L'exemplaire de la Bibliothèque de Neuchâtel a un t. X qui contient d'autres pièces : ce sont tous les tableaux statistiques qui d'ordinaire se trouvent répartis dans les dix volumes, à la fin de chacun d'eux.

Parmi ces documents j'en relève deux que je n'ai pas vus dans les autres éditions :

1° Un pamphlet contre Necker, se référant au livre IV : Tableau comparatif de ce qui se passa dans les années 1716, 17, 18, 19 et 20 d'une part, et de ce qui s'est passé en 1776, 77, 78, 79 et 80 d'autre part, vérifié d'après les pièces originales imprimées à la suite de l'histoire du système. Il y a 17 articles sur deux colonnes, l'une celle de Law, l'autre celle de Necker.

Voici le n° 16 qui met Maurepas en cause :

M. de M....... était dans le conseil, mais trop jeune pour s'opposer à la catastrophe. (Il était âgé de dix-huit ans.)	M. de M....... se trouve à la tête du conseil : c'est aujourd'hui par son expérience et sa sagesse que le roi et la nation peuvent être préservés d'une pareille catastrophe. (Il est âgé de quatre-vingt un ans.)

2° Un *État des Revenus du Roi pour l'année 1775* se référant au t. IV.

57. *Histoire philosophique...* Genève, J.-L. Pellet, 1784, 4 vol. in-4° et atlas in-4°. Même pagination que l'éd. in-4° de 1780. — Bib. de Dijon, 20025.

57 bis. *Histoire philosophique...,* Lausanne 1784, 11 vol. in-8, (d'après Lunet).

58. *Histoire philosophique...,* Neuchâtel, 1785, 10 vol. in-8, (d'après Ersch et Quérard).

59. *Histoire philosophique...,* Genève, 1786, 8 vol. in-12. — Bib. de Besançon, 218932-9. — T. I de XII + 407 p. ; t. II de VIII + 454 p. ; t. III de VIII + 447 p. ; t. IV de XII + 532 p. ; t. V de XII + 516 p. ; t. VI de XIII + 542 p. ; t. VII de XII + 584 p. ; t. VIII de 360 p.

60. *Histoire philosophique... revue et corrigée par un magistrat.* Avignon, 1786, 8 vol. in-12. — B. N. : G 28.197-204. Même pagination que la précédente, sauf

les p. préliminaires de quelques volumes : XVI au t. I,
X au t. III, X au t. V, 12 non chiffrées au t. VIII.

61. *Histoire philosophique... revue et corrigée par un
magistrat.* Avignon, 1787, 8 vol. in-12. (D'après Quérard).

62. *Histoire philosophique...*, Paris, Berry, an III
[1795], 10 vol. in-8. — Bib. de Lyon : 277.013. T. I de
IV + IV + 500 p. ; t. II de XII—548 p. ; t. III de VII+536 p. ;
t. IV de VIII+447 p. ; t. V de VII+382 p. ; t. VI de
VIII + 456 p. ; t. VII de XII+531 p. ; t. VIII de VIII+516
p. ; t. IX de IV+391 p. ; t. X de VI+504 p.

63. *Histoire philosophique...*, Paris, an VI-1798, 22 vol.
petit in-12. (D'après Ersch et Quérard).

QUATRIÈME ÉDITION

64. HISTOIRE | PHILOSOPHIQUE | ET POLITIQUE | DES ÉTABLIS-
SEMENTS ET DU COMMERCE DES EUROPÉENS | DANS LES DEUX
INDES | PAR G.-T. RAYNAL. | *Nouvelle édition | corrigée et
augmentée d'après les manuscrits autographes | de l'au-
teur. | Précédée d'une notice biographique et de consi-
dérations sur les écrits* | de RAYNAL, par M. A. JAY, *et
terminée par un volume supplémen | taire contenant la
situation actuelle des colonies,* par M. PEUCHET. | Tome
Premier | Paris | Amable Costes et Cⁱᵉ, libraires-édi-
teurs | rue de Beaune, n° 2, Faubourg Saint-Germain |
1820. — 12 vol. in-8 [t. I-X de 1820 ; t. XI-XII de 1821]
et un atlas in-4°. — B. N. : G 28205-16.

Avant la p. I, fac-similé d'une lettre autographe de
Raynal. Après la p. XII, 3 fac-similé du manuscrit au-
tographe de Raynal. Avant la p. 1, on lit cet *Avis des
Editeurs :*

En vertu de la vente que LE CONSEIL MUNICIPAL DE SAINT-
GENIEZ (*) nous a faite des manuscrits de cet ouvrage, vente
que le sous-préfet d'arrondissement et le préfet du département de l'Aveyron ont autorisé par délibération du
1 juin 1818, NOUS PLAÇONS NOTRE PROPRIÉTÉ LITTÉRAIRE SOUS
LA SAUVEGARDE DES LOIS.

Cette nouvelle édition ne doit pas être considérée comme la simple reproduction d'un ouvrage déjà imprimé, mais bien comme la publication d'un livre achevé dans toutes ses parties, et perfectionné par son auteur.

(*) Guillaume-Thomas Raynal avait, par testament, légué ses ouvrages à cette ville, où il est né, sous la condition que le produit de leur vente serait affecté au bénéfice de l'hôpital.

Le portrait de Raynal et les estampes sont les mêmes que dans les éditions in-8° de 1780 et suivantes. Il y a seulement un changement dans leur disposition venant de ce que le t. I comprend, outre le portrait, une estampe qui figurait au t. V de l'édition 1781 plus haut décrite ; et il ne reste plus d'estampe pour le t. X. La mention *J. M. Moreau le Jeune inv.* [ou *del.*] se trouve toujours ici.

La disposition des livres dans les volumes est restée la même. Mais il n'y a plus aucune table alphabétique des matières.

Les deux derniers volumes (t. XI et XII) sont inti tulés : *État des Colonies et du Commerce des Européens dans les deux Indes depuis 1783 jusqu'en 1821 pour faire suite à l'Histoire Philosophique, etc.....*, par M. PEUCHET.

Les variantes sont loin d'avoir l'importance que l'on serait tenté de leur accorder sur la foi des éditeurs. Elles proviennent des retouches que Raynal avait fai tes sur son exemplaire in-4° de 1780 (cf. n° 118). Ce sont plutôt des additions que des refontes. Cette publication était de nature à décevoir ceux qui s'attendaient à y trouver la preuve du repentir de l'auteur. Si vraiment Raynal avait eu à cœur d'atténuer la portée « philosophique » et agressive de son ouvrage, il lui était facile de tenir compte de la censure de la Sorbonne. Or, sauf le chapitre I du XIX° livre. la plupart des passages censurés par la Sorbonne se trouvent identiques en 1820, comme le prouve la confrontation du texte de 1780 et du texte de 1820 que j'établis en suivant les rubriques de la *Censure* (cf. n° 260).

Article I. — Homme et Loi naturelle

<table>
<tr><td>

TEXTE DE 1780 [éd. 81 n° 51]

T. VIII. p. 72 et 75 (L'homme
n'est pas supérieur aux animaux).
T. X. p. 2-5 (ch. 1. *Religion*).
Cf. *Ibid.*, p. 3-4, 4-5, 7-8 et 9,
censurés à l'Article II (titres 1. 5.
et 9).

</td><td>

TEXTE DE 1820

T. VIII, p. 93-94. identique.
T. X. p. 2 et 5. Il n'en subsiste
rien. Tout a été changé dans ce
chapitre en vue d'atténuer la por-
tée agressive du texte antérieur.
Sur 14 passages censurés formant
un total de 155 lignes, voici le
seul passage resté sans change-
ment :

</td></tr>
</table>

« Il seroit de la dignité comme de la sagesse de tous les gouvernemens, d'avoir un même code moral de religion dont il ne seroit pas permis de s'écarter, et de livrer le reste à des discussions indifférentes au
repos du monde. » (Ed. 1781. t. X. p. 9 ; éd. 1820, t. X. p. 15).

Les deux passages suivants sont assez remaniés pour avoir perdu leur
ton primitif :

<table>
<tr><td>

L'asservissement d'une républi-
que, maîtresse du monde à des
monstres de tyrannie ; la misère
effroyable que le luxe d'une cour
et la solde des armées répandirent
dans un vaste empire, sous le règne
des Nérons ; les irruptions succes-
sives des barbares qui démembrè-
rent ce grand corps, la perte des
provinces qui se soulevèrent ou
furent envahies : tous ces maux
physiques avoient préparé les es-
prits à une nouvelle religion, et les
révolutions de la politique en de-
voient amener une dans le culte.
On ne voyoit plus dans le Paga-
nisme vieilli que les fables de son
enfance, l'ineptie ou la méchanceté
de ses dieux, l'avarice de ses prê-
tres, l'infamie et les vices des rois
qui soutenoient ces dieux et ces prê-
tres. Alors le peuple, qui ne con-
naissoit que des tyrans sur la terre,
chercha son asyle dans le ciel.
Le christianisme vint le consoler
et lui apprendre à souffrir. (Ed. 81.
t. X. p. 4).

Alors il [le christianisme] gagna
de proche en proche, et parvint
jusqu'à l'oreille des empereurs.
Les uns le tolérèrent, par mépris,
par crainte, par intérêt ou par hu-
manité ; les autres le persécutèrent.

</td><td>

L'asservissement d'une république
maîtresse du monde à des mons-
tres à jamais exécrables, la misère
effroyable que le luxe d'une cour
et la solde des armées répandaient
dans un vaste empire, les irruptions
successives des barbares qui dé-
membrèrent ce grand corps, la
perte des provinces qui se soule-
vèrent ou qui furent envahies, tous
ces maux physiques avaient déta-
ché les peuples du paganisme. Des
infortunés qui ne connaissaient
plus que des tyrans sur la terre,
cherchèrent des consolations dans
le sein d'un dieu vengeur et rému-
nérateur. (Ed. 1820. t. X. p. 7-8).

De proche en proche il [le chris-
tianisme] parvint jusqu'aux oreilles
des empereurs. Quelques-uns le to-
lérèrent par mépris, par crainte,
par intérêt, par humanité ; d'au-
tres le persécutèrent avec une sévé-

</td></tr>
</table>

La persécution hâta les progrès que la tolérance lui avoit ouverts... [Suivent 18 lignes également censurées. Un prince qui, baigné dans le sang de sa famille, s'étoit comme endormi dans des bras impurs ; ce prince, qui avoit de grands crimes et de grandes faiblesses à expier, embrassa le christianisme qui lui pardonnoit tout en faveur de son zèle et auquel il donna tout pour être délivré de ses remords. (Ed. 1781, t. X, p. 5-6).

rité impitoyable. Enfin il monta sur le trône un prince qui, baigné dans le sang de sa famille, s'était comme endormi dans des bras impurs ; ce prince, qui avait de grands crimes et de grandes faiblesses à expier, embrassa la seule religion qui pouvait le réconcilier avec lui-même et le délivrer de ses remords. (Ed. 1820, t. X, p. 8).

Pour se rendre compte de l'importance des corrections apportées par Raynal dans ce chapitre, il suffit de comparer les textes du début : après un premier alinéa qui sera utilisé dans la 1re édition, mais un peu plus loin, et qui attribuait l'origine des religions aux malheurs éprouvés par l'humanité primitive, on lit dans la 3e édition ce passage dûment censuré :

« Pour expliquer l'énigme de son existence, de son bonheur et de son malheur, il [l'homme] inventa différens systèmes également absurdes. Il peupla l'univers d'intelligences bonnes et malfaisantes ; et telle fut l'origine du polytéisme, la plus ancienne et la plus générale des religions. Du polytéisme naquit le manichéisme, dont les vestiges dureront à jamais, quels que soient les progrès de la raison. Le manichéisme simplifié engendra le déisme ; et au milieu de ces opinions d'verses, il s'éleva une classe d'hommes médiateurs entre le ciel et la terre ». (Ed. 81, t. X, p. 2).

Ensuite, « on imagina la doctrine de l'immortalité... Mais l'homme en devint-il meilleur ? C'est un problème. Ce qui est sûr, c'est que depuis l'instant de sa naissance jusqu'au moment de sa mort, il fut tourmenté par la crainte des puissances invisibles, et réduit à une condition beaucoup plus fâcheuse que celle dont il avoit joui ». (Ibid., p. 5).

Voici maintenant le début du chapitre dans la 1re édition (t.X, p. 2) :

« Dieu est, et il est unique. Cette grande vérité, manifestée au premier homme, ne se perpétua que parmi ceux de ses ascendants qui formèrent le peuple juif, peuple qui, par son insociabilité, attira constamment sur lui le mépris ou la haine du petit nombre de nations qui le connurent.

« Les générations errantes ou sédentaires qui s'étaient détachées du tronc commun ne tardèrent pas à perdre de vue la dignité de leur origine. Elles oublièrent la création et le Créateur. »

Si tous les passages censurés avaient été aussi profondément remaniés, le parti pris d'« amendement » de Raynal ne ferait aucun doute. Mais il n'en est rien, comme le prouve la confrontation suivante :

T. IV, p. 253-4 (Erreurs du christianisme).

T. II, p. 52-5 : [Mahomet dédia le temple de la Mecque à] « l'unité de Dieu ; sublime et puissante idée que toutes les religions doivent à la philosophie et non au judaïsme,

T. IV, p. 352-5 : texte identique.

T. II, p. 80-2. Après une minutieuse description de la « kaba » entourée de « six minarets », on lit ces mots qui se trouvaient dans le texte antérieur à quelques vacomme on l'imagine. Le Dieu des Juifs, colère, jaloux, vindicatif, ne fut qu'un dieu local, tel que ceux des autres nations. »

T. I. p. 59 : (douleur et plaisir source de tous les cultes).

T. V. p. 456 : (alliance de la religion et du despotisme).

riantes près : « De temps immémorial on accourait en foule de toutes parts à la kaba. Mahomet fit une loi de ce qui n'avait été jusqu'alors qu'un usage. »

T. I. p. 54 : texte identique, sauf une retouche de style.

T. V. p. 203-4 : texte identique.

Article II. — De la Religion révélée.

Titre I. — De la Religion juive

T. X. p. 3-4 : (la théocratie).

T. X. p. 2-3 : ce texte tombe (cf. *supra*).

T. X. p. 16-17 : (portrait de Moïse).

T. X. p. 23-24 : texte identique.

T. II. p. 55 (le dieu des Juifs).

T. II. p. 80-2 : ce texte tombe (cf. *supra*).

Titre II. — De Jésus-Christ

T. X. p. 75 : (histoire de J.-C.).

T. X. p. 124 : texte identique.

Titre III. — De l'établissement de la religion chrétienne

T. X. p. 75-76 : (succès des apôtres).

T. X. p. 124-5 : texte identique.

T. X. p. 4-5 : (progrès du christianisme).

T. X. p. 2-7 : le texte tombe (Cf. *supra*).

T. I. p. 202 : (le christianisme au Japon).

T. I. p. 291-2 : texte identique.

Titre IV. — Des Martyrs

T. IV. p. 196 : (fanatisme des chrétiens comparé à celui des disciples d'Odin et de Mahomet).

T. IV, p. 271-2 : texte identique.

T. VIII. p. 42 : (le sauvage a plus d'héroïsme que tous les martyrs).

T. VIII. p. 54 . texte identique.

Titre V. — Des Prophéties et des Miracles

T. VIII. p. 31-33 : (critique des songes qui expliquent les révélations).

T. VIII. p. 41-2 : texte identique.

T. I. p. 113 : (le cocotier a produit la « manne du désert »).

T. I, p. 151 : le texte tombe.

T. IV. p. 227 : (le monde ne croit plus aux « mensonges merveilleux »).

T. IV. p. 314 : texte identique.

Titre VI. — Des fruits qu'a produits la religion chrétienne

T. VIII. p. 495 : (contre « les vaines contemplations »).

T. IX. p. 8 : texte identique.

T. VI. p. 55 : (contre un culte qui facilite l'expiation de tous les crimes).

T. VI. p. 25 : texte identique.

T. I, p. 25-26 : (contre les indulgences).

T. X, 204 : (contre les cérémonies du culte qui favorisent l'oisiveté).

T. VI, p. 44 : (la religion multiplie les oisifs).

T. X, p. 249-250 : (contre l'art chrétien du Moyen-âge) :

« Le christianisme avoit détruit en Europe les idoles de l'antiquité payenne, et n'avoit conservé quelques arts que pour servir de soutien à l'empire de la persuasion, et pour seconder la prédication de l'évangile. A la place d'une religion embellie, égayée par les divinités riantes de la Grèce et de Rome, il avoit substitué des images de terreur et de tristesse, conformes aux tragiques événemens qui avoient signalé sa naissance et ses progrès. Les siècles gothiques nous ont laissé des monumens, où la hardiesse et la majesté respirent à travers les ruines du goût et de l'élégance. Tous ces temples furent bâtis en croix, couverts de croix, remplis de croix, décorés de scènes horribles et funèbres, d'échafauds, de supplices, de martyrs, de bourreaux.

« Que deviurent les arts condamnés à effaroucher continuellement l'imagination par des spectacles de sang, de mort et d'enfer ? Hideux comme leurs modèles, féroces comme les princes et les pontifes qui les employoient : bas et rampans comme les adorateurs de leurs ouvrages, ils épouvantèrent les enfans dès le berceau ; ils aggravèrent les horreurs du tombeau par une perspective éternelle d'ombres effrayantes ; ils attristèrent la face de la terre.

« Enfin le temps vint de diminuer ces échafaudages de la religion, de la police sociale ; et c'est la Grèce qui nous l'apprit. Cette contrée est aujourd'hui barbare... »

T. I, p. 25 : (les papes protègent

T. I, p. 54 : texte identique.

T. X, p. 520 : le texte tombe.

T. VI, p. 12-15 : texte identique.

T. X, p. 589-590 : Corrections et suppressions significatives. Je cite les deux textes correspondants :

« Des barbares ne pouvaient introduire que des institutions barbares. Des chaumières remplacèrent des palais. Aux études succéda la chasse. Des coutumes nées dans les forêts firent oublier les lois les plus sagement combinées. Des mœurs grossières bannirent l'esprit de société qui avait si heureusement rapproché les hommes. Il restait à peine une ombre de raison pour diriger les actions les plus indispensables de la vie. Déjà, depuis deux ou trois siècles, la sévérité du christianisme avait étouffé les riantes divinités de Rome et de la Grèce. La nouvelle religion leur avait substitué des images de tristesse et de terreur conformes aux tragiques événemens qui avaient signalé sa naissance et ses progrès. Les impressions profondes qu'elle avait faites étaient devenues successivement toujours plus effrayantes. Rien n'annonçait un ciel plus serein, lorsque les Turcs, que rien n'arrêtait, tournèrent leurs pas sanglants et précipités vers la Grèce.

« Cette contrée est aujourd'hui barbare... »

T. I, p. 55 : texte identique, sauf

les arts par politique) : « Les arts et les lettres décorent l'édifice de la religion ; c'est la philosophie qui le détruit. »

la phrase ci-contre qui tombe.

Titre VII. — Des Mystères

T. IV, p. 253-254 : (erreurs du christianisme).

T. IV, p. 552-3 : texte identique (cf. supra, art. 1).

T. IV, p. 227 : (simplifiez votre doctrine).

T. IV, p. 514 : texte identique.

Titre VIII. — Du Péché originel, des Peines éternelles et de la Béatitude céleste

T. VI, p. 39-40 : (iniquité du dogme de la chute originelle).

T. VI, p. 7-8 : texte identique.

T. IX, p. 16 : on rejette « avec raison l'éternité des peines ».

T. IX, p. 109 : texte identique.

T. I, p. 69-70 : contre la « béatitude céleste. »

T. I, p. 69-70 : le texte tombe.

Titre IX. — De l'Église

T. X, p. 4-5 : (contre la hiérarchie).

T. X, p. 2-5 : le texte tombe (cf. supra, art. I).

T. X, p. 79-80 : (primauté de Rome fondée sur un jeu de mots).

T. X, p. 129 : texte identique.

T. X, p. 7-8-9 : (contre l'autorité des conciles et de la tradition).

T. X, p. 2-16 : le texte tombe (cf. supra, art. I).

T. X, p. 86-89 : (la religion est faite pour l'état »).

T. X, p. 137-141 : texte identique.

Article III. — De la Morale

Titre I. — Des conseils évangéliques.

T. I, p. 159-160 : (le « dévouement » des religieuses « outrage la raison »).

T. I, p. 229 : texte identique.

T. X, p. 88 : (contre le vœu de chasteté).

T. X, p. 140 : texte identique.

T. IV, p. 191 : (contre le célibat).

T. IV, p. 264 : texte identique.

T. VIII, p. 69-70 : (contre l'ascétisme monastique).

T. VIII, p. 89 : texte identique.

Titre II. — Des Préceptes de la morale de l'Evangile

T. X, p. 271 : (contre la « morale barbare du Christianisme).

T. X, p. 450 : le texte tombe.

T. I, p. 158 : (apologie de la débauche).

T. I, p. 227 : texte identique.

T. I, p. 160 : (le « culte » de l'« amour »).

T. I, p. 250-1 : texte identique.

Titre III. — De la Morale de l'auteur

T. X, p. 269 : (mœurs fondement des lois).

T. X, p. 426 : le texte tombe.

T. X, p. 270-71 : (la morale chrétienne n'est pas universelle).	T. X, p. 229-30 : texte identique à quelques variantes près, de pure forme.
T. X, p. 277-8 : (morale chrétienne inférieure à la morale naturelle).	T. X. p. 439-440 : texte identique.
T. X, p. 272 : (la morale a pour but le bonheur de l'espèce humaine).	
T. X, p. 272-5 : (un seul devoir : se rendre heureux).	T. X, p. 455 : texte identique.
T. X, p. 274 : (l'homme isolé n'a pas d'obligations).	T. X, p. 455-4 : le texte tombe.
T. X, p. 275 : (le devoir commence avec la société).	T. X, p. 455 : texte identique.
T. X, p. 275-8 : (influence du climat sur les variations de la morale).	T. X, p. 457 : texte identique.
T. X, p. 281 : (définition de l'incontinence).	T. X. p. 457-440 : texte identique.
T. IX, p. 124 : (le climat et l'opinion forment la morale).	T. X. p. 444 : texte identique.
T. III. p. 156 : (désir de jouir fondement de la sociabilité).	T. IX. p. 252 : texte identique.
T. II, p. 144 : (la morale ne doit pas contrarier la nature).	T. III. p. 159 : texte identique.
	T. II, p. 85 : texte identique.

Article IV. — Sur le Gouvernement

Titre I. — De l'origine de la puissance souveraine

T. IX, p. 15 : (un peuple peut être heureux sans maîtres et sans prêtres).	T. IX, p. 105-6 : texte identique.
T. V, p. 156 : (iniquité du despotisme).	T. V. p. 204 : texte identique.
T. X, p. 220 : (négation du droit divin).	T. X. p. 546 : texte identique.
T. VIII. p. 156-9 : (le droit divin invention du clergé).	T. VIII. p. 504-7 : texte identique.
T. IX. p. 141-142 : (alliance de l'Eglise et du despotisme).	T. IX. p. 254-5 : texte identique.
T. I, p. 142-5 : (contre le titre de père donné au despote).	T. I, p. 202-5 : texte identique.

Titre II. — Des Remèdes que l'auteur propose contre la tyrannie

T. I. p. 77-8 : (il faut dénoncer l'imposture qui asservit l'humanité).	T. I, p. 89 : le texte tombe. Le chapitre est refondu entièrement.
T. I. p. 145 : (représailles sanglantes nécessaires pour limiter le despotisme).	T. I, p. 205-6 : texte identique.
T. IX, p. 114-5 : (complot du prêtre et du despote contre la liberté).	T. IX, p. 220 : texte identique.

T. IX, p. 119 : (nos constitutions d'Europe « mélange insensé de lois sacrées et profanes »).	T. IX, p. 225 : texte identique.
T. IX, p. 156 : (utilité du tyrannicide).	T. IX, p. 272 : texte identique.
T. I, p. 105 : (à Ceylan le peuple a droit de vie et de mort sur le monarque).	T. I, p. 123-4 : texte identique.
T. X, p. 92 : (menaces aux rois).	T. X, p. 145 : texte identique.
T. X, p. 109 : (appel à la liberté).	T. X, p. 169 : texte identique.

65. TRADUCTIONS DE L'« HISTOIRE DES INDES ». — Cet ouvrage a été souvent traduit, notamment : *A*) en allemand : à Hanovre, 1774, 7 vol. in-8, par Jac. MAUVILLON ; à Copenhague, 1774, 7 vol. in-8 ; à Kempten, 1783, 7 vol. in-8, (d'après Ersch).

B) en anglais, par J.-O. JUSTAMOND, 1776, 5 vol. in-8 ; 1783, à Londres, 8 vol. in-8. — (B. N. : G 28217-24) ; 1788, à Londres, 8 vol. in-8. — (Bib. de Nancy, K. 3) ; 1792, à Amsterdam, (d'après Ersch).

C) en espagnol, par Eduardo MALO DE LUQUE [duc d'Almodovar] qui abrège et corrige. Madrid, Sancha 1784-6, 3 vol. in-4°. — B. N. : G. 6351-3.

D) « On assure, dit Meister en juin 1779, qu'Achmet IV vient de la faire traduire en arabe. » (*Corr. litt.*, t. XII, p. 263).

3. **Imprimés postérieurs à l'« Histoire des Indes »**

EXTRAITS DE L'« HISTOIRE DES INDES »

66. *Tableau de l'Europe pour servir de supplément à l'Histoire philosophique...* Mæstricht. J.-E. Dufour, 1774, in-8 de v-175 p. — B. N. : G. 29519

Cet ouvrage est attribué à Deleyre. Il est vendu isolément pour compléter les 6 volumes des éditions antérieures de l'*Histoire des Indes*, et forme désormais le XIXe livre. (Cf. n° 28).

67. *Histoire philosophique... Tableau de l'Europe.* A La Haye, chez Gosse fils, 1774, in-12 de IV-324 p. — B. N. : G. 28144. Même ouvrage que le précédent.

68. *Esprit et génie de Raynal*. Montargis, Le Quatre, (Paris), 1777, in-8. (D'après Quérard).

69. ESPRIT ET | GÉNIE | DE M. L'ABBÉ REYNAL [*sic*] | TIRÉ DE SES OUVRAGES. *L'image auguste de la vérité...* [Suivent 8 lignes extraites de l'Introduction de l'*Histoire des Indes*]. | A Genève | chez Jean-Léonard Pellet, imprimeur de la | Ville et de l'Académie | MDCCLXXXII, in-8 de 399 p. — B. N. : Z. 2.274 K.

Cette compilation est attribuée à Hédouin.

70. Même titre. Londres (Paris, Cazin), 1782, in-8. (D'après Quérard).

71. ESPRIT | DE | GUILLAUME-THOMAS | RAYNAL. | RECUEIL ÉGALEMENT NÉCESSAIRE A CEUX QUI | COMMANDENT ET A CEUX QUI OBÉISSENT. | *L'image auguste de la vérité...* | Tome Premier | Londres | MDCCLXXXII, 2 vol. petit in-12 de 6-351-1 et 6-332 p. — Bib. de Grenoble, E. 27808.

72. SUPPLÉMENTS | A L'HISTOIRE | PHILOSOPHIQUE | ET POLITIQUE | *Des Etablissements et du Commerce des | Européens dans les deux Indes.* | Tome Premier | A La Haye | MDCCLXXXI, 4 vol. in-8. T. I, XVI-605 p. ; t. II, XV-574 p. ; t. III, XV-492 p. Je ne possède pas le t. IV et je ne connais aucune bibliothèque qui possède cet ouvrage. (Cf. n° 37).

73. RÉVOLUTION | DE | L'AMÉRIQUE. | Par M. l'abbé RAYNAL | *Auteur de l'Histoire philosophique et politique des | Etablissemens et du commerce des Européens | dans les deux Indes.* | A Londres | chez Lockyer Davis, Holbourn | MDCCLXXXI, in-8 de XIV + 151 + 2 p. — Je possède un exemplaire de cet ouvrage. Il n'a ni portrait, ni estampes. Malgré l'*Avertissement de l'Editeur*, c'est la réimpression des 15 derniers chapitres du livre XVIII (texte de la 2e édition). « L'éditeur en publie aussi la traduction en anglais. » (P. VII). Un exemplaire de cette traduction, ibidem, 1781, in-8 de XV-181 p., est à la Bib. de Besançon, n° 260001.

74. *Révolution de l'Amérique... ouvrage qui peut servir de supplément à la dite Histoire philosophique ..* Londres, L. Davis, 1781, in-8 de VIII+86 p.. — B. N. :

Pb 211 A. — Portrait de Raynal (1774) mal gravé, profil à droite.

75. *Révolution de l'Amérique...* Dublin, Guillaume Wilson, 1781, in-8.

76. *Révolution de l'Amérique...* Londres, 1781, in-12 de VIII+173 p. — Bib. de Montpellier, V. 6054.

77. *Révolution de l'Amérique pour servir de suite à l'Histoire philosophique...* Londres, 1781, in-12 e VI+132 p. — Bib. de Grenoble, C. 16760.

78. *Tableau et révolutions des colonies anglaises dans l'Amérique septentrionale*, par Guillaume-Thomas RAYNAL. Amsterdam, chez la Cⁱᵉ des libraires, 1781, 2 vol. in-12 de 273 et 232 p. — Bib. de la Soc. économ. de Fribourg, D D b 705. (Chap. 14-30 du l. XVII et l. XVIII).

'L'ouvrage est traduit en hollandais 1781, Amsterdam, in-8 ; en allemand, 1782, Leipzig, in-8, par F.-H. Wernitz ; en anglais, 1782, in-8. Déjà les XVIIᵉ et XVIIIᵉ livres avaient été traduits d'après la 2ᵉ édition sous ce titre : *A Philosophical and Political history of the British settlements and trade in North America*, from the French, Edimburgh, 1776, 2 vol. in-8. Bib. de Lausanne, S 561. — De même aussi en italien : *Storie dell'America settentrionale*, 1778-80, 3 vol. in-8.

79. *Précis de l'Histoire philosophique...* Amsterdam, Rossart, 1782, in-8. (D'après Quérard).

80. *Histoire Philosophique et politique des isles françoises dans les Indes occidentales*, par Guillaume-Thomas RAYNAL. Lausanne. J.-Pierre Heubach, 1784, in-8 de XV-355 p. — B. N. : L k 12/15. Réimpression du livre XIII et des chapitres 33-35 du livre XIV (de la 3ᵉ édition).

81. LETTRES | D'YORICK | A ELIZA | ET D'ELIZA | A YO RICK, | traduites de l'anglais de Mr STERNE, | *nouvelle édition*, | *augmentée de l'éloge d'Eliza.* | *Par Mr l'abbé* RAYNAL, | *avec figures.* | A Lausanne, chez Mourer, cadet, libraire | MDCCLXXXVI, in-12 de 98 p. et 2 p. n. ch. Bib. de Grenoble : J 6362. Aux p. 9-16 se trouve l'éloge d'Eliza Draper, extrait de l'*Histoire des Indes* (t. II, p. 68-72, l. III, ch. 15).

Portrait frontispice de Sterne. Entre les p. 8 et 9, estampe représentant le tombeau d'Eliza.

82. *Eloge d'Eliza Draper*, par M. l'abbé RAYNAL, in séré par Delandine dans *Le conservateur ou Bibliothèque choisie de littérature, de morale et d'histoire*, Paris, Mérigot, Lyon, Bruys, 1787, t. II, p. 315-21. — B. N. . Inv. Z 29.090-1. C'est la réimpression du milieu du ch. 15 du livre III, 3ᵉ édition (t. II, p. 68-72). On trouve dans le même volume, p. 15-18, le *Portrait du chevalier Temple*, extrait de l'*Hist. du Parlement d'Angleterre*.

83. LETTRE | DE M. GUILLAUME-THOMAS RAYNAL | A S. M. LOUIS XVI, s. l. n. d. [1789], in-12 de 12 pages. — Bib de Neuchâtel 13306.

C'est la réimpression de la 2ᵉ moitié du ch. 18 du l. IV (t. II, p. 248-55, éd. 1781, in-8).

84. L'ABBÉ RAYNAL | AUX | ÉTATS-GÉNÉRAUX. | *La liberté vient de Dieu, l'autorité des hommes.* | A Marseille | MDCCLXXXIX. « Lettre adressée au corps de la bourgeoisie de Marseille par M. l'abbé Raynal », in-8 de 64 p. — B. N. : L b 39 1430.

Suivent 14 extraits sous les titres suivants :
Discours au roi, p. 3 ; *Du gouvernement*, p. 13 ; *La politique*, p. 16 ; *Sur l'asservissement des peuples*, p. 19 ; *Sur la liberté*, p. 26 ; *Les finances*, p. 31 ; *Sur les impôts*, p. 37 ; *Sur la justice*, p. 47 ; *Sur la tolérance*, p. 49 ; *Sur les corvées*, p. 53 ; *Sur l'agriculture*, p. 54 ; *Prêtres*, p. 57 ; *Sur le célibat des moines*, p. 60 ; *L'injustice des peuples contre les ministres*, p. 63.

85. EXTRAIT RAISONNÉ | DE | L'HISTOIRE PHILOSOPHIQUE | DES DEUX INDES | A L'APPUI DE L'ADRESSE | DE GUILLAUME-THOMAS RAYNAL | A L'ASSEMBLÉE NATIONALE. | *Aux cris des insensés et des méchans, il opposa | le silence du sage.* | A Paris | l'an prochain de la vérité | [1791], in-8 de 126 p.. — B. N. : L b 39 4974.

Tandis que les morceaux choisis de la précédente brochure mériteraient pour leur violence d'être intitulés « Esprit de Diderot », celle-ci contient des morceaux inspirés par la « sagesse de Raynal ».

86. *Abrégé de l'Histoire philosophique, etc...* à l'usage des sourds-muets. Paris, impr. des sourds-muets 1792. 2 vol. in-12. Je n'ai pas trouvé cet ouvrage que ne possèdent ni la Bibliothèque nationale, ni l'Institut national des sourds-muets.

87. *Abrégé de l'Histoire des établissements à l'usage de la jeunesse.* Paris, Leclerc, 1810, 2 vol. in-12.

88. NOUGARET : *Le Raynal de la jeunesse ou Précis de l'Histoire philosophique intéressante des établissements...* abrégée et rédigée d'après l'abbé RAYNAL. Paris, Eymery, 1821, in-12.

89. *Des Peuples et des gouvernements. Recueil de pensées extraites de l'Histoire philosophique des deux Indes par l'abbé Raynal.* Paris, Pollantru, 1822, petit in-12 de XIV-165 p. — B. N. : R. 48077.

90. *Principes et maximes politiques de M. Raynal.* dans la *Bibliothèque de l'Homme Public.* t. I, p. 161-231, t. II, p. 3-241. — Bib. de Besançon 229.683.

AUTRES OUVRAGES

91. LETTRE | *de M. l'abbé* RAINAL [*sic*] | *à l'auteur de* | *la Nymphe de Spa* | *précédée d'une lettre de la veuve Bourguignon Im* | *primeur de S. A. C. Mgr le Prince-Evêque de* | *Liège à M. G..... son confrère à.....* | A la Haye | MDCCLXXXI, in-8 de 27 p. — B. N. : L n 27/17.070.

92. RÉPONSE | A LA CENSURE | DE LA FACULTÉ DE THÉOLOGIE DE PARIS | contre l'*Histoire Philosophique...* | Par M. l'abbé RAYNAL. | *Les prêtres ne sont pas ce qu'un vain peuple pense.* | *Notre crédulité fait toute leur science.* | VOLTAIRE. | Londres | MDCCLXXXII, in-8 de XIII-205 p. — B. N. : G 28227.

93. CONSIDÉRATIONS | SUR LA PAIX | DE 1783 | *envoyées par l'abbé Raynal* | *au prince* | *Frédéric-Henri* | *de Prusse* | *qui lui avait demandé ce qu'il pensait de* | *cette paix.* | A Berlin | chez Henri La Garde | MDCCLXXXIII. in-12 de 24 p. — B. N. : L b 39 6.278.

94. *Recueil de diverses pièces servant de supplé-*

ment à l'Histoire philosophique. etc... Genève, 1783, in-8. — B. N. : G 28226. Pour la description de ces *Pièces*, cf. n° 56.

95. *Id.*, ibid., 1784, in-12. — Bib. de Lausanne, S 567.

96. ŒUVRES | DE | M. L'ABBÉ RAYNAL. | Tome Premier | *contenant l'histoire du stadhoudérat.* | A Genève | chez J.-L. Pellet, Imprimeur de la | Ville et de l'Académie | MDCCLXXXIV, 4 vol. in-8. — Bib. de Grenoble, E 19325.

T. I de XII + 339 + 1 p. ; t. II de VIII + 372 p. (*Histoire du Parlement d'Angleterre*) ; t. III de IV + 315 p. et t. IV de 416 p. (*Mémoires Politiques*).

97. ESSAI | SUR | L'ADMINISTRATION | DE | St-DOMINGUE. | Par Guillaume-Thomas RAYNAL [s. l.] MDCCLXXXV, in-8 de XVI-256 p. — B. N. : L k 12 219.

Cet ouvrage est traduit en allemand par J.-C. Hoyer, Leipzig, 1788, in-8 (d'après Ersch). Du Rozoir range parmi les ouvrages faussement attribués à Raynal un ouvrage de même titre, 1787, qu'il donne comme un extrait compilé de l'*Histoire des Indes*. Je n'ai rien vu de tel.

98. *Lettre de Monsieur Raynal sur un nouvel ouvrage qui porte son nom.* S. l. n. d. [janvier 1790], in-8 de 2 p. — B. N. : L b 39 8899.

C'est le désaveu de la *Lettre de l'abbé Raynal à l'Assemblée nationale, ce 10 décembre* [1789] attribuée au comte de Guibert.

99. *Lettre de Guillaume-Thomas Raynal à l'Assemblée nationale sur les erreurs des peuples et les dangers qui menacent tous les citoyens* [31 mai 1791, Paris]. Volland, in-8. — B. N. : L b 39 4971.

100. Même ouvrage. Paris, impr. Frévée, in-8. — Bib. de Grenoble.

101. Même ouvrage sous ce titre : *Adresse de Guillaume-Thomas Raynal remise par lui-même à M. le Président le 31 mai 1791 et lue à l'Assemblée le même jour.* Paris, Gattey, Imp. Migneret, in-8 de 19 p. — B. N. : L b 39 4972.

Cette *Adresse* réimprimée alors dans les feuilles pé

riodiques est traduite aussitôt en anglais et en allemand.

102. HISTOIRE | PHILOSOPHIQUE | ET POLITIQUE | DES ÉTABLISSEMENS ET DU COMMERCE DES EUROPÉENS | DANS L'AFRIQUE SEPTENTRIONALE | *ouvrage posthume* | de G.-T. RAYNAL | *augmenté d'un aperçu de l'état actuel de ces établissemens et du | commerce qu'y font les Européens, notamment avec les puissances | Barbaresques et la Grèce moderne.* | Par M. PEUCHET | *avec une carte de l'Afrique.* | Tome Premier. | Paris | Pierre Maumus et Cⁱᵉ libraires | co-propriétaires-éditeurs | Rue de Verneuil n° 18 | 1826. | 2 vol. in-8 de VI-412 et de 444 pages.

Les passages qui appartiennent à Raynal sont les suivants : *De la Barbarie en général*, t. I, p. 1-106 ; *de l'Egypte*, p. 241-307 ; *Tripoli*, p. 355-400 ; *Alger*, t. II, p. 35-139 ; *Maroc*, p. 167-275.

APPENDICE. — **Ouvrages faussement attribués à Raynal**

103. *Histoire de Catilina, tirée de Plutarque, de Cicéron, etc.* Amsterdam (Paris), 1749, in-12, ouvrage anonyme attribué à Raynal par Moreau dans sa « Bibliothèque de Mᵐᵉ la Dauphine » et par les rédacteurs du catalogue manuscrit de la Bibliothèque du roi. Barbier l'attribue à l'abbé Séran de la Tour.

104. *Mémoires de Mˡˡᵉ Ninon de Lenclos.* Rotterdam, 1751, in-12, d'après Ersch et Quérard. Du Rozoir l'attribue au chevalier d'Ouxménil mort en 1778.

105. *Les Querelles littéraires...* Paris, Durand, 1761, 4 vol. in-12. (Cf. n° 18).

106. *Etat civil politique et commerçant du Bengale.* Maestricht, 1778, 2 vol. in-8. Je ne connais que l'ouvrage anonyme de même titre édité en 1775, à la Haye, chez Gosse, fils, en 2 vol. in-8, avec la mention « pour servir de suite à l'*Histoire philosophique et politique ,etc...* » C'est la traduction française d'un ouvrage anglais de W. Bolts, cf. n° 36.

107. *Recherches sur les initiations anciennes et modernes.* Paris, 1779, in-12, et Dresde, 1781, in-8. Ou-

vrage attribué par Barbier et Quérard à l'abbé Robin.

108. *Les inconvénients du célibat des prêtres prouvés par des recherches historiques*. Genève, Pellet (Lyon), 1781, in-8. Ouvrage attribué par Du Rozoir à l'abbé Gaudin.

109. *Idées générales sur l'état actuel du commerce.* 1786, 3 vol. in-8. Ouvrage annoncé le 13 octobre 1786 par la *Gazette de Leyde* qui le donne comme un supplément à l'*Histoire des Indes* publié par Raynal. Celui-ci désavoue l'ouvrage par une lettre du 8 novembre insérée dans la *Gazette* du 8 décembre 1786.

110. *L'Assemblée de Sorbonne ou l'Histoire des Etats-Généraux de l'Eglise, suivie d'une épître à M. le comte de Barruel-Beauvert*. Rome, 1789, in-8. L'auteur est Cubières-Palmezeaux. — B. N. : Rés. Y e 3050.

111. *Lettre de l'abbé Raynal à l'Assemblée nationale.* « Marseille ce 10 décembre » [1789], in-8 de 68 p. — B. N. : L b 39 2637. L'auteur est le comte de Guibert. (Cf. n° 98).

112. *Réflexions et notices sur la traite des nègres.* « séparément », 1792, in-8. (D'après Ersch.)

113. *Des Assassinats et des vols politiques ou Des Proscriptions et des confiscations* par Guillaume Thomas RAINAL (*sic*). A Londres, 1795, in-8 de 94 p.

On lit dans l'*Avant-propos de l'éditeur.* p. 3 : « On nous dispensera d'apporter nos preuves sur la vérité du nom de l'auteur ; comme elles consistent en faits dénués de preuves publiques, il est fort douteux qu'on nous fît la grâce de nous croire. » Cet ouvrage « désavoué par l'auteur », d'après Ersch, est attribué à Servan par Du Rozoir et Barbier.

114. [Même titre]. A Londres et se trouve à Paris, chez Buisson, an IV, in-8 de 64 p. — Bib. de Metz, N 1600 2.

115. *Eléments de l'histoire du Portugal, contenant les causes de la décadence des Portugais, leurs lois, leur commerce, les révolutions de ce royaume*. Paris, Demoraine, an XIII-1805, in-12. — B. N. : O q 51. — Cet ouvrage publié par Sérieys est attribué à Raynal

par Du Rozoir. D'après Quérard, il a paru d'abord en 1786 sous ce titre : *Introduction à l'histoire du Portugal*. La première partie serait de Raynal et la seconde de don Antoine, compilés l'un et l'autre par Mme de Sainctonge. Sérieys aurait d'autre part avoué à Benchot n'avoir écrit que le *Discours Préliminaire*, tout le reste appartenant à Raynal.

B

Manuscrits

116. Bibliothèque nationale : 7 volumes manuscrits reliés au chiffre de Louis-Philippe, 385 millim. de haut sur 245 millim. de large, Ms. 6429-25 (fonds français), dont voici la table extraite du catalogue .

T. I (6429). Papiers personnels f° 1. — Mémoire sur Tunis f° 16 ; — Mémoire sur Tripoli de Barbarie. f° 79 ; — Mémoire sur Alger, f° 101 ; — Mémoire sur l'empire du Maroc, f° 171 ; — Tous ces mémoires sont accompagnés d'observations de Venture de Paradis. — 214 feuillets.

T. II (6430) « Instruction sur le commerce de Smyrne en 1771 » f° 1 ; — Mémoire sur le commerce de Smyrne f° 19 ; — Notes sur l'Atlas et le Sahara par Venture de Paradis... f° 27 ; — Mémoire sur la Barbarie en général avec observations de Venture de Paradis f° 49 ; — Mémoire sur la Syrie f° 175 ; — Mémoires sur Constantinople, Venise, Trieste, l'Asie-Mineure, la Russie, etc., f° 193 ; — Etat sommaire du Levant et de la Barbarie depuis 1768 jusqu'en 1787 f° 207. — 269 feuillets

T. III (6431) « Mémoire sur la C¹⁰ d'Afrique où l'on discute les principes de son établissement.... » f° 1 ; — Mémoire sur l'état du négoce des Français, Anglais, Vénitiens et Hollandais dans le Levant... dressé en l'année 1682 par le s^r Lefèvre, ancien échevin de la ville de Marseille f° 13 ; — Mémoire sur le commerce de Marseille en Levant (1776-87) f° 88 ; — Documents

divers sur le commerce dans le Levant et aux Indes,
p. 149. — 239 feuillets.

T. IV (6432). Mémoires sur les protestants, 199 feuillets.

T. V (6433). « Histoire des guerres des Turcs contre
les chrétiens » f° 1 ;   « Guerre d'Espagne », p. 159 ;
— Guerres intestines d'Angleterre f° 305, — 381 pages

T. VI (6434). « Guerres du nord », Suède, Allemagne,
Flandre f° 1 ;   notes et extraits divers f° 201, —
461 feuillets.

T. VII (6435). Extraits divers sur la religion, la politique, les beaux-arts et l'histoire,   128 feuillets.

Les papiers personnels en tête du t. I et le t. IV ont
été analysés par M. Couderc (*Annales du Rouergue...*,
1ᵉʳ oct. 1888, p. 152-3). Parmi les documents du t. IV, le
seul Mémoire sur les guerres de religion (1560-1612)
est de la main de Raynal. Ne faisait-il pas partie de sa
grande *Histoire des guerres* qui paraît inédite et qui
devait réaliser le programme formulé dans le titre complet des *Anecdotes historiques* ? Cette *Histoire des guerres* occupe le t. V, l'« Histoire des Turcs contre les
chréiens » (*sic*), s'étend du XVIᵉ siècle à 1739 ; avec ces
titres : Guerre de Hongrie 1662 ; Guerre contre la Polo-
gne 1672 ; Guerre contre les Allemands et les Vénitiens 1715 ; Guerre contre les Russes et les Autrichiens
1736 ; — 1561 Guerre contre les Uscoques ; Affaire du
marquisat de Saluces ; Guerre de la Valteline ; Guerre
de Mantoue ; Guerre de Messine 1674 ; Guerre de Dans-
bourg 1688 ; Guerre pour la Succession d'Espagne :
Corse. — « Guerres d'Espagne » : 1509 Guerre d'Afrique;
1762 Guerre d'Espagne et du Portugal.   « Guerres
intérieures d'Angleterre » de 1513 à 1760. — Au t. VI,
la partie relative à la Suède va de 1492 à 1740 ; la partie
relative à l'Allemagne va de 1525 à 1763 ; la partie relative à la Flandre va de 1513 à 1746. — Au t. VII, les
f. 72-112 contiennent l'histoire des guerres d'Italie de
1494 à 1558 avec cette épigraphe . *Vetera extollimus
recentiorum incuriosi... Omnia apud priores meliora,
sed nostra quoque ætas multa laudis et artium imi-*

tanda posteris tulit, TACITE ; il y a aussi un Discours préliminaire. C'est ce fragment que Chastellux a vu et annoté ; cf. A. FEUGÈRE : *L'abbé Raynal*, p. 55.

117. Bibliothèque d'Arras : manuscrit autographe de 56 pages sous le titre *Arabie* correspondant sans doute aux p. 61-122 du t. II de la 4ᵉ édition de l'*Histoire des Indes* (l. III, ch. 19-23) qui reproduisent avec des remaniements les p. 35-65 du t. II de la 3ᵉ édition (l. III, ch. 11-14).

118. Manuscrits Couderc : M. C. Couderc a eu l'obligeance de me communiquer des feuilles manuscrites de Raynal qu'il possède : ce sont des additions et des corrections en vue de la 4ᵉ édition et qui ont servi a Peuchet en 1820. Les pages manuscrites 13-17 sont imprimées au t. V, p. 191-201 de la 4ᵉ édition, remaniement des p. 149-154 du t. V de la 3ᵉ édition (l. X, ch. 4-6) — Les pages imprimées 25-30 détachées du t. II de la 3ᵉ édition in-4 portent des ratures et des annotations manuscrites (l. VI, ch. 8-9) imprimées aux p. 251-62 du t. III de la 4ᵉ édition. — Les pages manuscrites 24-26 sont imprimées aux p. 247-76 du t. III de la 4ᵉ édition, remaniant les pages 225-38 du t. III de la 3ᵉ édition (l. VI, ch. 18). — Les pages manuscrites 92-95 sont imprimées aux p. 1-8 du t. VI de la 4ᵉ édition remaniant les p. 1-39 du t. VI de la 3ᵉ édition (l. XI, ch. 1-10). — Les chap. 4-9 sont supprimés dans le manuscrit comme dans la 4ᵉ édition. — La page manuscrite 128 est imprimée aux p. 201-5 du t. VIII de la 4ᵉ édition, remaniant les p. 248-250 de la 3ᵉ édition (l. XVII, ch. 13).

C

Correspondance

119. Archives du ministère des Affaires étrangères. Mémoires et documents. Portugal (1743-1766), f. 134 Lettre à Bussy : Paris, 21 juin 1754.

120. Bibliothèque de Besançon : Ms. 646 : Billet s. d.
à X... et collection Paris, I : f. 189-204, 60 lettres à
Adrien Paris entre 1781 et 1791.

121. Bibliothèque de Rouen ; collection Dupulel n° 56.
Lettre à X... : Bruxelles 27 février 1782.

122. Bibliothèque de Nantes ; collection Labouchère
n° 672233. Lettre à Grand : Berlin 28 décembre 1782.

123. Bibliothèque de Lille ; collection Dubrunfault,
n° 984, f. 505. Lettre à Mme Julien : Marseille 1er janvier
1790.

124. Bibliothèque nationale, ms 12768, f. 265. Lettre
à Barbé-Marbois : 28 août 1791.

· 125. Catalogue inédit de la maison Etienne Chara-
vay. Extraits ordinairement imprimés dans des prospec-
tus ou des catalogues de ventes d'autographes ; ils sont
très courts. Parfois la date seule est indiquée. Mais ils
fournissent d'utiles renseignements. J'y ai trouvé la
mention de 42 lettres datées de 1750 à 1794 et de 4 lettres
non datées.

126. J.-B. DUMAS (cf. n° 252), t. I, p. 142, 145 et 134
Lettre à X. : Paris novemb. 1780 ; à La Tourrette, 12
août 1789 ; à l'Académie de Lyon 2 juillet 1790.

127. Archives de Coppet, billet s. d. (de février ou
mars 1781) à Mme Necker.

128. *Gazette de Leyde*, n° du 8 décembre 1786. Lettre
à la rédaction : 8 novembre 1786.

129. *Revue des sociétés savantes*. Paris. Imp. nationale 1875, in-8, 1 semestre, p. 47-8 : 4 fragments le
lettres à Charles Laveaux : Lausanne 1783-4.

130. R. REUSS : *Charles de Butré. Un physiocrate
tourangeau en Alsace...* Paris, Fischbacher, 1887, in-8
lettre à Butré : Toulon 12 janvier 1786.

131. M. B. LUNET : (cf. n° 154), p. 40, fragment de
lettre du 30 septembre 1787 ; p. 39, fragment de lettre
du 24 septembre 1790.

132. *Journal de Paris*, 25 mai 1789 : lettre à la rédaction : 16 mai 1789.

133. *Musée des Archives nationales*. Paris, Plon,

1872, in-4, p. 709 A : lettre à l'Assemblée nationale 4 septembre 1790.

134. *Nouvelle revue rétrospective*, 1ʳ sem. 1899, p. 366-8 : lettre à Couret : Paris 21 juillet 1791.

135. G.-T. RAYNAL : *Histoire philosophique...* (cf. n° 64), en tête du t. I : lettre à Lalande : Mons-sur-Orge 15 janvier 1794 ; et t. I, p. XI. : lettre au Président de l'Institut, 24 décembre 1795.

Voici la liste chronologique de ces lettres :

Paris, 15 février (année ?), à M. de St-Lambert.
Rouen, 6 octobre (année ?), à M. Germain, orfèvre du roi.
Paris, 5 mars (année ?), à M. X... *
Boulogne [sur-Seine], 10 septembre (année ?), à M. X...
S. d., à M. d'Arnaud.
S. d., six billets à Adrien Paris.
Paris, 19 mars 1750, à M. Martin de Chassiron, à La Rochelle.
    21 juin 1754, à M. de Bussy.
   — 25 mars 1757, à M. Sauvages de la Croix.
   — 26 août, à X...
   — 30 juillet 1765, à M. Martin de Chassiron, à La Rochelle.
? 4 décembre 1765, à X...
?   ? 1774, à X...
? 20 décembre 1778, à M. E. Camboulas d'Esparon.
Paris, 16 juillet 1779, à X...
Paris, ? novembre 1780, à X...
?   [février ou mars 1781], à Mᵐᵉ Necker.
Paris, 10 avril 1781, à M. Bourdeville.
Paris, 14 mai, à X...
? 4 juin, à M. Paris.
Spa, 4 septembre, au même.
Liége, 12 septembre, à M. Grand.
Bruxelles, ? à X...
   — 4 novembre, à M. Paris.
   — 7 novembre, au même.
   — 11 janvier 1782, au même.
   — 11 février, au même.
   — 15 février, à X...
   — 15 février, à M. Paris.
   — 27 février, à X... [Grand].
Mayence, 10 mars, à M. Grand.
Berlin, 19 mai, au même.
   — 20 juillet, au même.
   — 22 septembre, à M. Paris.
   — 6 octobre, à M. Grand.
   — 9 décembre, au même.

Berlin, 14 décembre, à M. Paris.

  —   28 décembre, à M. Grand.

     28 décembre, à X...

  —   30 décembre, à M. Paris.

  —   11 février 1785, au même.

  —   25 février, au même.

Lausanne, 5 août, au baron de Montolieu.

      29 août, à M. Paris.

  —   30 août, à X...

  —   26 septembre, à M. Ch. Laveaux.

  —   9 novembre, à X...

  —   25 décembre, à X...

      8 janvier 1784, à M. Grand.

  —   10 février, au même.

  —   22 février, à M. Ch. Laveaux.

  —   7 mars, à M. Paris.

  —   15 avril, au même.

  —   27 avril, à M. Ch. Laveaux.

  —   22 juillet, au même.

St-Geniès, 16 août, à M. Grand.

  —   19 août, à M. Paris.

      16 septembre, au même.

  —   ? à M. Grand.

  ?   15 octobre, au même.

Toulon, 21 novembre, à M. Paris.

  —   21 novembre, à X...

  —   10 décembre, à M. Paris.

  —   5 janvier 1785, au même.

  —   15 février, au même.

  —   20 mars, au même.

  —   1 mai, au même.

      21 juillet, au Président de l'Académie de Lyon.

  —   28 août, à M. Paris.

      9 octobre, à X...

      5 novembre, à M. Grand.

  —   12 janvier 1786, à M. de Butré.

      19 janvier, à M. Paris.

  —   24 janvier, au même.

  —   21 mars, au même.

      20 avril, au même.

  —   14 mai, au même.

Marseille, 5 juin, au même.

Cadenet, près Aix, 21 juin, au même.

      24 juillet, au même.

Marseille, 29 août, au même.

  —   14 septembre, au même.

  ?   9 octobre, à M. Grand.

Marseille, 5 novembre, à M. Paris.
— 8 novembre, au Rédacteur de la *Gazette de Leyde*.
— 15 novembre, à M. Paris.
— 24 décembre, au même.
— 10 janvier 1787, au même.
— 1 février, au même.
— 4 avril, à M. Paris.
— 15 mai, au même.
— 10 juin, au même.
? 10 juin, à X...
— 19 juillet, à M. Paris.
Guémenos, 15 août, à M. Cornuaud.
Marseille, 18 septembre, au Président de l'Académie de Lyon.
— 4 octobre, à M. Paris.
— 24 novembre, au Président de l'Académie de Lyon.
? 1 décembre, à X...
— 5 décembre, à M. Paris.
— 29 juillet 1788, à M. Paris.
— 5 janvier 1789, à M. de La Mettrie.
— 9 janvier, à M. Paris.
— 19 avril, à X...
[Aix]. 16 mai, au Rédacteur du *Journal de Paris*.
Aix, 16 mai, à M. Paris.
Marseille, 12 août, à M. la Tourrette.
? 30 septembre, à X...
— 26 octobre, à M. Paris.
— 26 octobre, à X...
— 1 janvier 1790, à Mme Julien.
— 15 janvier, à M. Paris.
— 2 juillet, à l'Académie de Lyon.
— 5 septembre, à M. Paris.
[ ] 4 septembre, à l'Assemblée nationale.
[—] 24 septembre, à X...
— 17 janvier 1791, à M. Paris.
— 10 février, au même.
Paris, 21 juillet, à M. Couret.
? 28 août, à M. Barbé-Marbois.
? 8 décembre, à M. Tarbé [faut-il lire Barbé?].
Mons/Orge, 15 janvier 1794, au citoyen Lalande.
? 2 octobre, au Comité de Salut Public.
? 24 décembre 1795, au Président de l'Institut.

La correspondance de Raynal le montre en relations personnelles avec les personnes suivantes :

Des étrangers : le duc et la duchesse de Saxe-Gotha « qui n'ont qu'un cri après moi », dit-il le 1er fév. 1787 :

— les princes Henri et Ferdinand de Prusse (9 août 1784, 14 déc. 1782) ; — le baron de Wreick, un des gentilshommes de Henri de Prusse « homme aimable et intéressant » (19 août 1784) ; — « Mon ami le chevalier d'Hérédia, secrétaire d'ambassade d'Espagne » (24 janv. 1786) ; — M. de Sulliron [autant que j'ai pu déchiffrer ce nom] « cet excellent Anglais, un des meilleurs amis que j'aie jamais eus » (24 avril 1787) ; — le « contre-amiral » Hollandais « de Kinsberger, homme au-dessus de tous les éloges » avec lequel il a formé « une liaison des plus intimes » (5 janvier 1785) ; — M. Belin, « américain d'un mérite distingué » (billet s. d. à X...) ; — l'écrivain portugais Correa da Serra. (24 nov. 1787).

Plusieurs artistes : outre son correspondant l'architecte Paris ; le sculpteur Tassaer, son hôte à Berlin, auteur d'un buste merveilleux où l'intéressé se trouve « très ressemblant, plein de vie et presque beau » (19 janvier 1786) ; —Espercieux, artiste laborieux et honnête », qui a également réussi son buste (17 janvier 1791) ; — Tossy [ou Torcy ?], peintre en miniature, qui a fait son portrait que « les connaisseurs... mettent au-dessus de tout ce qu'ils ont vu » (1er février 1787);— Renaud, moins heureux, qui, en essayant de reproduire son « très beau buste » n'a su en donner qu' « une charge odieuse et sans la moindre ressemblance » (9 janv. 1789) ; — peut-être le célèbre Jean-Baptiste Pigalle ou son neveu Jean-Pierre, sculpteur lui-même, ce qui est sûr c'est qu'un « M. Pigale » (*sic*) est de ceux auxquels il charge Paris de dire « mille choses » de sa part (7 mars 1784).

Les familles Fouache (22 sept. 1782) ; — Trouard (4 septembre 1781) ; — Le Normand (7 mars 1784) ; — Malouet (21 nov. 1784) ; — M. de Richebourg, sous le couvert duquel il écrit à Paris (4 oct. 1787) et qui fait entrer son « excellent chocolat » (17 janvier 1791) ; — Mme de Valdec et son fils M. le Lessart, qui lui « ont toujours inspiré par leurs bontés le plus grand respect et le plus tendre attachement » (17 janv. 1790) ; — Mme de Croisic « femme aimable, fort active, essentielle en amitié » (15 avril 1784) ; — M. de la Valette qui « vient d'épouser... une des demoiselles les plus raisonnables et les mieux élevées de Marseille » (29 juil. 1788) ; — J.-B. de Belloy, évêque de Marseille, « un bon vieillard » qu'il voudrait savoir bien installé à Paris où l'appelle l'Assemblée du clergé (1ʳ mai 1785) ; — Necker, dont il admire hautement les « principes lumineux » (15 fév. 1785) ; — Mⁱˡ Necker, « âme forte et sensible » « qui n'a pas sa pareille pour l'éloquence, pour l'esprit et pour l'instruction » (5 nov. 1786), à laquelle il prend « le plus grand intérêt » (*ibid.*) dont il est récompensé, car en se mariant, elle lui envoie « une écuelle de porcelaine » (20 avril 1786) «pour prendre » son « lait » (5 juin 1786).

En voici auxquels il confie des choses très importantes : son neveu Camboulas et M. de Romanson (27 fév. 1782) ; le comte de Guibert (28 déc. 1782) ; — Suard (5 janv. 1785) ; — Garat « professeur d'histoire au lycée » (billet s. d. et 16 mai 1789) ; — M. de Grandclosmeslé, cet « ami auquel » il doit « plus qu'à » sa « famille, qu'à tout ce qu'» il a « connu depuis qu' » il est « au monde » (27 fév. 1782) ; — M. Grand « cet excellent homme » et « cet honnête banquier » (7 nov. 1781, 15 avril 1784) ; — l'abbé Barthélemy et son collègue Genée (?) de l'Académie des Inscriptions ; — M. Müller, un « des grands citoyens d'Uri » ; — le curé Schnider ; — la « bon Bérenger » (11 fév. 1782) — le général Pfyffer, de Lucerne (14 déc. 1782), qui eut à s'occuper, avec Paris, du monument de Guillaume Tell.

Afin d'obtenir des renseignements pour remettre au point l'*Histoire des Indes*, Raynal s'adresse directement ou bien encore par l'intermédiaire d'amis communs, à MM. Chevalier et Law (14 déc. 1782) ; Dombey, médecin explorateur qui revient de l'Amérique du Sud (11 fév. 1783) ; Chevreau, ancien intendant à l'Ile de France (20 avril 1786) ; Barbé-Marbois, ancien intendant à Saint-Domingue et Monneron (28 août 1791).

Il est en relations d'affaires avec MM. Witheil, Danout et Lewin (27 fév. 1782) ; — Dijcon « chef des bu-

reaux des fermes générales » (29 août 1783) ; — Fau-
veau, Fournier « directeur des vivres de la marine »
(5 juin 1786) ; — de Rumar «conseiller au Parlement »
de Paris (24 juil. 1786) ; — Girardot et de Haller (billet s. d. à Paris) ; — Isaac Le Maistre et C¹ , négociant
à Paris ; — Empatay, négociant à Berlin ; — Dutasta,
négociant à Bordeaux (28 déc. 1782) ; — Hermitte et
Audibert, négociants à Marseille (5 juin 1786, 10 janv.
1787).

Il se peut d'ailleurs que Raynal compte de bons amis
parmi ces hommes d'affaires. Tel est le cas pour son
banquier Grand mentionné plus haut, et pour Couret,
négociant à Beaucaire (21 juil. 1791). Il paraît connaître
personnellement : Mesmer, qui a guéri Mme Fouache
(7 mars 1784) ; — Bailly, dont il vante le talent fait
« d'énergie, d'élégance et de noblesse » (15 fév. 1785) ;—
Condorcet (billets s. d. à Paris).

OUVRAGES INTÉRESSANT RAYNAL ET SON TEMPS

Je suis l'ordre chronologique, d'après la date soit de la première édition ; soit du plus ancien des textes publiés dans le corps de l'ouvrage et qui intéressent Raynal et son temps ; soit de la mort de l'auteur ; soit du plus ancien ouvrage, si je mentionne plusieurs ouvrages d'un même auteur ou un recueil de ses œuvres. Cependant je n'ai pas cru devoir isoler, pour les mentionner à leur date de publication, certaines études critiques inséparables de l'écrivain qui en est l'objet.

136. MONTAIGNE : *Essais*, édition Strowski, Bordeaux, Pech, 1906 (t. I) in-4°.

137. Jean MOCQUET : *Voyages en Afrique, Asie, Indes orientales et occidentales*. Paris, Heuqueville, 1617, in-12. — B. N. : G. 26745.

138. PASCAL : *Pensées*, édition Boutroux. Paris, Hachette, 1904, 3 vol. in-8.

139. Cardinal DE RETZ : *Œuvres complètes*, édition Feillet. Paris, Hachette, 1872-87, 9 vol. in-8.

140. J. DE PALAFOX DE MENDOZA : *Virtutes del Indio*, s. l. n. d. [1650], traduit sous ce titre : *L'Indien ou Portrait naturel des Indiens*. Paris, Cramoisy, 1672. Réimprimé dans THÉVENOT : *Relations de divers ouvrages curieux*... Paris. Moette, 1696, 2 vol. in-f°, t. II. — B. N. : G. 1492 A 1-2.

141. LA FONTAINE : *Œuvres complètes*, édition Régnier. Paris, Hachette, 1883-93, 11 vol. in-8.

142. Le P. DU TERTRE : *Histoire générale des Antilles habitées par les Français*. Paris, Jolly, 1667, 2 vol. in-4.
— B. N. : L k 12 12.

143. [D. VAIRASSE] : *Histoire des Sévarambes, peuples qui habitent une partie du 3e continent, communément appelée Terre Australe*. Paris, Barbin, 1677-8 4 vol. in-12.

144. LA BRUYÈRE : *Les Caractères* (1688), édition Cayrou, Paris, Didier, 1916, in-12.

145. Le P. HENNEPIN : *Nouvelle découverte d'un très grand pays situé dans l'Amérique entre le nouveau Mexique et la mer glaciale*. Utrecht, 1697.

146. FÉNELON : *Aventures de Télémaque* (1699), édition Cahen, Paris, Hachette, 1920, 2 vol. in-8.

147. *Histoire apologétique de la conduite des Jésuites* (1700).

148. SAINT-ÉVREMOND : *Œuvres*. Amsterdam, Covens et Mortier, 1726, 7 vol. in-12.

148 *bis*. P. BAYLE : *Œuvres diverses*. La Haye, Husson, 1727-31, 4 vol. in-f°.

149. [B. DE MANDEVILLE] : *La Fable des abeilles, ou les Fripons devenus honnêtes gens, avec le commentaire où l'on prouve que les vices des particuliers tendent à l'avantage du public*. Londres, aux dépens de la Compagnie, 1740, 4 vol. in-12.

150. [ADDISON, STEELE, etc.] : *Le Spectateur ou le Socrate moderne* (13 mars 1710). Paris, Papillon, 1716-26, 6 vol. in-12.

151. Abbé BOUSQUET : *Études historiques sur la ville de St-Geniès d'Olt*. Rodez, Ratery, 1847, in-8.

152. H. AFFRE : *Biographie aveyronnaise*. Rodez, H. de Broca, 1887, in-8.

153. H. DE BARRAU : *Documents historiques et généalogiques sur les familles et les hommes remarquables du Rouergue...* Rodez, Ratery, 1853-60, 4 vol. in-8, t. IV, p. 17.

154. M. B. LUNET : *Biographie de l'abbé Raynal*

(*Guillaume-Thomas*). Rodez, 1866, in-8. Publiée d'abord dans la *Revue de l'Aveyron et du Lot*, entre octobre 1837 et février 1838.

155. M. DE VISSAC : *Les Révolutionnaires du Rouergue. Simon Camboulas*. Riom, Girerd, 1893, in-8.

156. Abbé J.-B. DELTOUR : *Aubrac, son ancien hôpital, ses montagnes, sa flore*. Rodez, Colomb, 1894, in-8.

157. *Les bénéfices du diocèse de Rodez avant la Révolution de 1789*. Etat dressé par l'abbé GRIMALDI, publié et annoté par M. le chanoine TOUZERY. Rodez, imp. cath., 1906, in-8.

158. MONTESQUIEU : *Œuvres complètes*, éd. Laboulaye, Paris, Garnier, 1875-9, 7 vol. in-8.

159. [Abbé DE BONNAIRE] : *L'Esprit des Lois quintessencié par une suite de lettres analytiques*, s. l., 1751, 2 vol. in-12.

160. [Cl. DUPIN] : *Observations sur un livre intitulé « De l'Esprit des Lois »*, s. l. n. d. [1757-8].

161. R.-P. JAMESON : *Montesquieu et l'esclavage. Etude sur les origines de l'opinion antiesclavagiste en France au XVIIIᵉ siècle*. Paris, Hachette, 1911, in-8.

162. Le P. LABAT : *Nouveau voyage aux îles de l'Amérique*. Paris, 1722, 6 vol. in-12 (réimpr. en 1724 et 1753).

163. — *Nouvelle relation de l'Afrique occidentale*, Paris, 1728, 5 vol. in-12.

164. *Lettres édifiantes et curieuses écrites des missions étrangères par quelques missionnaires de la Cᵗᵉ de Jésus. Paris*, 1727-58, 27 vol. in-12.

165. Le P. LAFITAU : *Mœurs des Sauvages Américains comparées aux mœurs des premiers temps*. Paris, Saugrain, 1723, 2 vol. in-4.

166. Le P. DE CHARLEVOIX : *Histoire de l'Isle espagnole de S.-Domingue*. Paris, Didot, 1730-1, 2 vol. in-4.

167. — *Histoire et description générale de la Nouvelle-France...* Paris, Giffart, 1744, 5 vol. in-12.

168. — *Histoire du Japon*. Paris et Lyon, 1754, 6 vol. in-12.

169. — *Histoire du Paraguay*. Paris, Desaint, 1757, 6 vol. in-12.

170. [J.-F. MELON] : *Essai politique sur le commerce...* Rouen ou Bordeaux, 1734, in-12.

171. Le P. DU HALDE : *Description géographique, historique, chronologique, politique et physique de l'Europe, de la Chine et de la Tartarie chinoise.* Paris, Le Mercier, 1735, 4 vol. in-f°. — B. N. : O 2 n 39.

172. SNELGRAVE : *A new account of some parts of Guinea and the slave trade,* 1735, traduit en français, Amsterdam, 1736.

173. VOLTAIRE : *Œuvres complètes,* édition Moland. Paris, Garnier, 1877-85, 52 vol. in-8.

174. — *Questions sur l'Encyclopédie par des Amateurs,* s. l. 1770-72, 9 vol. in-8. — B. N. : Z 173 D 1-9, t. I, p. 238.

175. — *Collection complète des Œuvres de M. de ***,* t. XXI (*Questions sur l'Encyclopédie par des Amateurs,* t. I), Genève, 1774, in-4, p. 151-3.

176. — *Candide ou l'Optimisme,* édition Morize. Paris, Hachette, 1913, in-12.

177. BENGESCO : *Voltaire. Bibliographie de ses Œuvres.* Paris, Rouveyre, 1882, 4 vol. in-8.

178. G. DESNOIRESTERRES : *Voltaire et la société au 18° siècle.* Paris, Perrin, 1871-6, 8 vol. in-12.

179. G. LANSON : *Voltaire.* Paris, Hachette, 1906, in-12.

180. A. MORIZE : *L'Apologie du luxe au 18° siècle. Le Mondain et ses sources.* Paris, Didier, 1909, in-12.

181. FRÉRON : *Lettres à Mme la c^tesse de X... sur quelques écrits modernes.* Genève, 1746, in-12.

182. — *Lettres sur quelques écrits de ce temps.* Genève, 1749-54, 13 vol. in-12, t. I, p. 22-25 et 352.

183. — *L'Année littéraire.* Paris, Lejay, 1771-6, 47 vol. in-12. Année 1775, t. III, p. 233-53.

184. [Abbé PRÉVOST] : *Histoire générale des voyages.* Paris, Didot, 1746-51, 17 vol. in-4. Les t. XVIII-XX parus en 1768, 1771 et 1800 sont intitulés : *Continuation de l'Histoire des voyages.*

185. MARMONTEL : *Denys le Tyran* (1748). (*Œuvres complètes.* Paris, Née de la Rochette. 1787, 17 vol. in-8).

186. — *Mémoires d'un père pour servir à l'instruc-*

tion de ses enfants, édition Tourneux. Paris, Jouaust, 1891, 3 vol. in-12.

187. Abbé DE MARIGNY : *Histoire des Arabes sous le gouvernement des califes.* Paris, 1750, 4 vol. in-12.

188. TURGOT : *Œuvres et documents le concernant*, éd. Schelle, Paris, Alcan, 1913 et suiv., in-8.

189. P. FONCIN : *Essai sur le ministère de Turgot.* Paris, G.-Baillière, 1877, in-8.

190. J.-J. ROUSSEAU : *Œuvres complètes.* Paris, Hachette (édition courante), 13 vol. in-12.

191. P.-M. MASSON : *La Religion de J.-J. Rousseau.* Paris, Hachette, 1916, 3 vol. in-12.

192. M. GRIMM : *Correspondance littéraire*, cf. n° 1.

193. DUCLOS : *Œuvres complètes.* Paris, Janet, 1820-1, 9 vol. in-8.

194. *Encyclopédie ou Dictionnaire raisonné des sciences, des arts et des métiers*, par une Société de gens de lettres, mis en ordre par DIDEROT et quant à la partie mathématique par d'ALEMBERT. Paris et Neuchâtel, 1751-72, 28 vol. in-f°.

195. Archives nationales : O 1 297 f° 223 ; O 1 404 f° 249 ; T 1093/11 ; T 1687 n° 2073 ; X1 A 8584, f° 209-219 ; M 75,86-123 ; S M B I 11.

196. VÉRON DE FORBONNAIS : *Éléments du commerce.* Leyde, 1754, 2 vol. in-12. (*Collection des Principaux Economistes, Paris*, 1840-8, 16 vol. in-8, t. XIV).

197. Archives du ministère des Affaires étrangères : *Portugal, Mémoires et documents* (1143-1766) n° 2, f° 135-6.

198. *Mercure de France*, déc. 1754, p. 215, in-12.

199. G. DE COURCEL : *Mémoire historique sur le Mercure de France.* Paris, Leclerc, 1903, in-8.

200. ANDERSON : *Histoire naturelle de l'Islande, du Groënland et du détroit de Davis*, 1754 (nouv. éd.), 2 vol. in-12.

201. [A. DELEYRE] : *Analyse de la Philosophie de Bacon avec sa vie*, trad. de l'anglais. Amsterdam et Paris, 1755, 3 vol. in-12.

202. [—] : *Génie de Montesquieu*. Amsterdam, Arkslée, 1758, in-12.

203. [—] : *Esprit de St-Evremont*. Amsterdam, Arkslée et Merkus, 1761, in-12.

204. Marquis DE MIRABEAU : *L'Ami des Hommes* (1756), édition Rouxel. Paris, Guillaumin, 1883, in-8.

205. Marquis D'ARGENSON : *Journal et Mémoires*, éd. Rathery. Paris, Renouard, 1859-67, 9 vol. in-8.

206. Abbé MORELLET : *Réflexions sur les avantages de la libre fabrication et de l'usage des toiles peintes en France*. Genève (Paris), 1758, in-12.

207. — *Lettres à lord Shelburne* (1772-1807). Paris, Plon, 1898, in-12.

208. — *Mémoires sur le XVIII° siècle et la Révolution*. Paris, Ladvocat, 1821, 2 vol. in-8.

209. Le P. GUMILLA : *Histoire naturelle, civile et géographique de l'Orénoque*, trad. par Eidous. Paris, 1758, 3 vol. in-12.

210. [HELVETIUS] : *De l'Esprit*. Paris, Durand, 1758, in-4.

211. SAVARY-DESBRULONS : *Dictionnaire universel du commerce*. Copenhague, 1759-66, 5 vol. in-f°.

212. DIDEROT : *Œuvres complètes*, éd. Assézat et Tourneux. Paris, Garnier, 1875-7, 20 vol. in-8. T. I, p. XVII et LIV ; t. II, p. 258-9 ; t. III, p. 393-4 ; t. IV, p. 41-50, 107 ; t. VI, p. 444-54 ; t. XI, p. 450-1 ; t. XVIII, p. 208, 464-5, 488, 494-5, 499, 516, 518, 527, 533-4 ; t. XIX, p. 7. 8. 11-12, 64, 84-5, 98-9. 101, 107, 114, 122-3, 185-6, 208, 243, 246-7, 436, 477 ; t. XX, p. 72-3, 102-4.

213. B[OULANGER] : *Recherches sur l'origine du Despotisme oriental*. [Genève], 1761. in-12. — B. N. : *E, 2438.

214. — *L'Antiquité dévoilée par ses usages...* Amsterdam, M.-M. Rey, 1766, in-4, — B. N. : *E, 690.

215. C.-S. FAVART : *Mémoires et Correspondance littéraires, dramatiques et anecdotiques*, p. p. A. P. C. Favart son petit-fils. Paris, Collin, 1808, 3 vol. in-8.

216. [D'ALEMBERT] : *Sur la destruction des jésuites, par un auteur désintéressé*, s. l., 1765, in-12.

217. M. Sedaine : *Le Philosophe sans le savoir* (1765). Œuvres choisies. Paris, 1813, 3 vol. in-12.

218. [Linguet] : *Théories des lois civiles ou Principes fondamentaux de la société*. Londres, 1767, in-8.

219. [—] : *Causes du désordre public*, par un vrai citoyen. Avignon, 1784, in-8.

220. J. Cruppi : *Linguet*. Paris, Hachette, 1895, in-12.

221. [P. Poivre] : *Voyages d'un philosophe ou Observations sur les mœurs et les arts des peuples de l'Afrique, de l'Asie et de l'Amérique*. Yverdon, 1768, in-12.

222. G. Allix : *Le bi-centenaire de Pierre Poivre*. (*Journal des Débats*, 24 août 1919).

223. [De Pauw] : *Recherches Philosophiques sur les Américains*... Berlin, Decker, 1768, 2 vol. in-8.

224. [—] *Recherches Philosophiques sur les Egyptiens et les Chinois*. Berlin, Decker, 1774, 2 vol. in-8.

225. Necker : *Réponse au mémoire de l'abbé Morellet sur la compagnie des Indes*. Paris, de l'imprimerie royale, 1769, in-4. (T. XV des *Œuvres*. Paris, 1820-1, 15 vol. in-8).

226. — *Eloge de J.-Bapt. Colbert*. Discours qui a remporté le prix de l'Académie Française en 1773. Paris, J.-B. Brunet 1773, in-8. (T. XV des *Œuvres*).

227. Bernardin de Saint-Pierre : *Voyage à l'Ile de France* (1773) Lettre de 1769. *Œuvres complètes* mises en ordre et précédées de la vie de l'auteur par L. Aimé-Martin. Paris, Méquignon, 1818, 12 vol. in-8.

228. Abbé Galiani : *Dialogues sur le commerce des blés* (1770). *Collection des principaux Economistes.....* T. XV, [nº 196].

229. — *Lettres* (éd. Asse). Paris, Charpentier, 1881, 2 vol. in-12.

230. Marquis de Chastellux : *De la Félicité Publique ou Considérations sur le sort des hommes dans les différentes époques de l'histoire*. Amsterdam, M.-Michel Rey 1772, 2 vol. in-8.

231. — *Discours sur les avantages et les désavantages de la découverte de l'Amérique*. Paris, 1787, in-8.

232. [Bachaumont, Mairobert, Moufle d'Angerville]

Mémoires secrets pour servir à l'histoire de la République des lettres en France depuis 1762 jusqu'à nos jours. Londres, Adamson, 1780, 36 vol. in-12, t. V, p. 95 ; t. VI, p. 110, 117, 140, 223, 241 ; t. VII, p. 159 ; t. VIII, p. 122, 141, 288-9 ; t. X, p. 152, 159 ; t. XIII, p. 189, 252 ; t. XIV, p. 242-3 ; t. XV, p. 51-2, 214 ; t. XVI, p. 23-4, 38-9 ; t. XVII, p. 177, 191-3, 196, 198-9, 286, 314-5 ; t. XVIII, p. 16, 24, 35-6, 79, 158-9 ; t. XXI, p. 114 ; t. XXII, p. 8-9, 182-3, 185-6, 264 ; t. XXIII, p. 52 ; t. XXV, p. 70, 264-5 ; t. XXVI, p. 112-3, 169, 214, 227.

233. [L.-S. MERCIER] : *L'An 2440.* Londres, 1772, in-8.

234. [—] *Tableau de Paris* (1781) nouvelle édition corrigée et augmentée. Amsterdam, 1782-8, 12 vol. in-8.

235. Marquise DU DEFFAND : *Correspondance complète,* éd. M. de Lescure, Paris, Plon, 1865, 2 vol in-8.

236. [MOULINES] : *Lettre d'un habitant de Berlin à son ami à La Haye.* Berlin, 1773, in-8.

237. LA HARPE : *Correspondance littéraire. (Œuvres.* Paris, Verdière 1820, 13 vol. in-8).

238. — *Lycée.* Paris, Costes, 1813, 16 vol. in-12.

239. *Index librorum prohibitorum.* Romæ, typis vaticanis, 1900, in-8.

240. [MÉTRA] : *Correspondance secrète, politique et littéraire.* Londres, Adamson, 1787, 14 vol. in-12. T. II. p. 149, 386-7 ; t. X, p. 153, 251 ; t. XI, p. 42, 51-2, 268, 278-9, 421-5 ; t. XIII, p. 323-33 ; t. XIV, p. 258-61.

241. LEVESQUE : *L'Homme moral ou Les Principes des devoirs, suivis d'un aperçu sur la civilisation* (1775), 4ᵉ édition corrigée et augmentée. Paris, Debure, 1784, in-12.

242. [F. BERNARD] : *Analyse de l'Histoire philosophique...* A Leyde, chez J. Murray, libraire, 1775, in-8 de VIII + 245 p. — B. N. : G. 18321. Le même ouvrage est publié en 1775 à Amsterdam, et se trouve à Paris, chez Morin, in-8 de VIII + 278 p. — B. N. : G. 18320. Je n'ai trouvé aucune différence entre les deux textes, dont le second passe pour édulcoré (cf. A. Feugère : *L'Abbé Raynal,* p. 269-70).

243. [Petit] : *Observations sur plusieurs assertions extraites littéralement de l'Histoire philosophique... édition de 1770*. Amsterdam et se trouve à Paris chez Knapen, 1776, in-8.

244. [Petit] : *Dissertations sur le droit public des colonies françaises, espagnoles et anglaises, d'après les lois des trois nations comparées entre elles*. Genève et se trouve à Paris chez Knapen, 1778, in-8.

245. Abbé Grosier : *Journal de littérature, des sciences et des arts*. Paris, au bureau du Journal, 1779, avec approbation et privilège du roi, 4 vol. in-12 (t. I, p. 367). — B. N. : Inv. Z. 51173. L'auteur ayant critiqué une apostrophe aux insurgents de Diderot dans l'*Essai sur la vie de Sénèque*, « tirade déplacée..., singerie de la fougueuse *Histoire du commerce des deux Indes* », Diderot dans la 2e édition de son *Essai* (1782) prend la défense de Raynal, « digne et respectable auteur de l'*Histoire philosophique et politique de la découverte et du commerce des deux Indes* (sic)..., ouvrage plein de recherches, de hardiesse, d'éloquence et de génie. » (*Œuvres complètes*, t. III, p. 393-4).

246. Gibbon : *Histoire de la décadence et de la chute de l'Empire Romain* (1776). Paris, Delagrave; s. d. 2 vol. in-4°, t. I, p. 493 B.

247. — Lettre à lord Sheffield du 30 nov. 1783, citée par Sainte-Beuve, *Nouv. lundis*, t. XI, p. 315.

248. W. Robertson : *Histoire de l'Amérique* (1777), trad. de l'anglais. Paris, Panckoucke, 1778, 2 vol. in-4° t. II, p. 297.

249. *L'Espion Anglais ou Correspondance secrète entre milôrd All'eye et milord All'ear*. Londres, Adamson, 1779-84. 10 vol. in-12. — B. N. : L. b. 39/219. — Sur la condamnation d'Olavidès par l'Inquisition espagnole en 1778. Texte négatif pour Raynal. Seuls Voltaire et Rousseau sont désignés comme les corrupteurs d'Olavidès. (T. X, p. 282-7).

250. J.-L. Soulavie : *Mémoires historiques et politiques du règne de Louis XVI depuis son mariage jusqu'à sa mort*. Paris, Treuttel, 1801, 6 vol. in-8, t. II,

p. 318 ; t. V, p. 137-41. — Pour l'autorité de Soulavie,
cf. l'ouvrage suivant.

251. P.-M. MASSON : *Mme de Tencin*. Paris, Hachette,
1909, in-12, p. 257.

252. J.-B. DUMAS : *Histoire de l'Académie royale des
belles-lettres et arts de Lyon*. Lyon, Giberton et Brun
1839, 2 vol. in-8, t. I, p. 134, 142-5, 209-16.

253. [MOUFLE D'ANGERVILLE] : *Vie privée de Louis XV*.
Londres, Lyton, 1781, 4 vol. in-12, t. II, p. 288-344.

254. *Correspondance inédite sur Louis XVI, Marie-
Antoinette, la cour et la ville de 1772 à 1792*, p. p. M. de
Lescure. Paris, Plon, 1866, 2 vol. in-8.

255. [GRIMOARD] : *Lettre du marquis de Caraccioli à
M. d'Alembert*, s. l. [1er mai 1781] in-8 de 44 p. —
B. N. : L b 39.290.

256. *Arrêt de la Cour du Parlement qui condamne un
imprimé en 10 volumes in-8, etc...* Paris, Simon, 1781,
in-8. — B. N. : F. m. 35671. Cf. le suivant.

257. Bib. Nat. : Manuscrits, fonds français, collection Joly de Fleury, 530, f. 64-73. Le f° 66 comprend
le réquisitoire de Séguier, imprimé de 12 pages. On
avait été « assez étonné » d'y trouver « cette phrase qui
ne le rend pas moins digne du feu que l'ouvrage dénoncé : « L'auteur, dit cet avocat du roi, enlève à
l'homme le dogme précieux de l'immortalité de l'âme,
ce fruit merveilleux de l'imagination. » (*Corr. inédite..
p. p. Lescure*, t. I, p. 403). Voici la phrase entière telle
qu'on la lit à la p. 6 du réquisitoire : « Sous prétexte
de rendre l'homme plus heureux, il n'a d'autre dessein
que de le plonger dans un abîme de malheurs, d'autant plus redoutable qu'il lui enlève le dogme précieux
de l'immortalité de l'âme, ce fruit merveilleux de
l'imagination qui *n'a été inventé*, dit-il, *que pour tourmenter l'homme depuis sa naissance jusqu'à sa mort,
par la crainte des puissances invisibles, et le réduire
à une condition plus fâcheuse que celle dont il avait
joui jusqu'alors*. » C'est moins une citation qu'un ré-
sumé du texte de Raynal, chez qui on lit d'abord cette
phrase : « Pour expliquer l'énigme de son existence,

de son bonheur et de son malheur, il [l'homme] inventa différents systèmes également absurdes. » *Hist. des Indes* (éd. 1781, t. X, p. 2). Et 24 lignes plus loin : « Ce qui est sûr c'est que depuis l'instant de sa naissance jusqu'au moment de sa mort, il fut tourmenté par la crainte des puissances invisibles, et réduit à une condition beaucoup plus fâcheuse que celle dont il avait joui. » (P. 3).

Séguier, en écrivant « ce fruit... de l'imagination » résume fidèlement l'opinion de Raynal qui, dans ce « dogme précieux » voit une invention de l'homme. Mais l'adjectif « merveilleux » ne correspond pas à l'opinion de Raynal qui croit au contraire que ce « fruit de l'imagination » est fâcheux et non merveilleux. Ce dernier mot exprime donc l'opinion de Séguier qui veut dire : « vérité merveilleuse que Raynal appelle à tort un fruit de l'imagination, qui *n'a été inventé*, dit-il, *que pour tourmenter*, etc...» Il est également clair et que c'est cela qu'il a voulu dire et que c'est cela qu'il n'a pas dit. Si donc sa phrase est maladroite, c'est l'exploiter trop adroitement que de la couper comme on le fait, pour en dénaturer le sens.

258. MALLET DU PAN : *Annales politiques, civiles et littéraires*, 15 juin 1781.

259. — *Mercure Britannique*, 10 mars 1799, t. II, p. 365.

260. DETERMINATIO | SACRÆ FACULTATIS PARISIENSIS | IN LIBRUM CUI TITULUS | HISTOIRE PHILOSOPHIQUE... | par Guillaume-Thomas RAYNAL. | à Genève chez Jean-Léonard Pellet, imprimeur de la ville et de l'Académie | MDCCLXXX | CENSURE | DE LA FACULTÉ DE THÉOLOGIE | DE PARIS | CONTRE UN LIVRE QUI A POUR TITRE | HISTOIRE PHILOSOPHIQUE... | Parisiis | ex typis Clousier typographi S. Facultatis Parisiensis | via San-Jacobea | MDCCLXXXI | in-4º de XII + 114 pages. — Bib. de Lausanne S, 560. Cf. nº 64.

261. [CONDORCET] : *Réflexions sur l'esclavage des nègres* par M. Schwartz, pasteur... à Bienne. Neuchâtel.

Société typographipe, 1781, in-8 de XII-55 p. — B. N. :
L. k 9/23.

262. *Observations sur un ouvrage intitulé Révolution de l'Amérique par M. l'abbé* RAYNAL, *à Londres,
chez Lockyer Davis*, 1781, *tirées du Journal historique
et littéraire de Luxembourg, 1er novembre 1781.* Luxembourg, de l'Imprimerie des héritiers d'Andrée Chevalier, 1781, in-12 de 55 p. — Bib. Mazarine 36071 (1re
pièce).

263. [BASSENGE] : *Epître de la nymphe de Spa à l'abbé
R...* [1781]. Imprimée dans la brochure intitulée *L'abbé
Raynal et Bassenge*, signée M. L. P., in-8 de 11 pages,
extrait du *Bulletin de l'Institut archéologique liégeois*
(s. d.). — B. N. : L. n 27 17073.

264. C. COUDERC : *Documents sur l'abbé Raynal.* —
(*Annales du Rouergue et du Quercy*, 1er et 15 octobre
1888, p. 152-3 et 170-1).

265. — *L'abbé Raynal et son projet d'histoire de la
révocation de l'Edit de Nantes.* Paris, 1890, in-8.

266. *Lettres à M. l'abbé Raynal sur l'Histoire de la
révocation de l'Edit de Nantes qu'il se propose de pu-
blier* « 16 avril 1782 », in-8 de 109 p.— B. N. : L d 76/532

267. Marquise DE CRÉQUI : *Lettres inédites à Senac
de Meilhan* (1782-1789). Paris, Potier, 1856, in-12, p. 10.

268. FRÉDÉRIC-LE-GRAND : *Œuvres*, éd. Preuss, Berlin, Decker, 1846-57, 31 vol. in-8.

269. SCHWEIZERISCHES MUSEUM. Zurich, Orell, 1783,
in-8, t. I, p. 267-73.

270. *Défense de M. l'abbé Raynal et de M. Bonnély*,
La Haye, 1783, in-8. (D'après Quérard).

271. *Lettre adressée à l'abbé Raynal sur les affaires
de l'Amérique septentrionale, où l'on relève les erreurs
dans lesquelles cet auteur est tombé en rendant compte
de la Révolution de l'Amérique*, traduit de l'anglais
de Thomas PAYNE, s. l. 1783, in-8. Réimprimée dans le
Recueil de diverses pièces (cf. n° 56) avec la mention :
Philadelphie 1782, puis sous ce titre : *Remarques sur
les erreurs de l'Histoire philosophique...*, trad. par

M. Cerisier. Amsterdam, 1785, in-8. [Même titre],
Bruxelles, B. Lefranq, 1785, in-8.

272. Abbé de MABLY : *De la manière d'écrire l'histoire*
(1783). *Œuvres complètes*. Londres, 1789, 12 vol. in-8,
t. XII, p. 475.

273. [GUDIN DE LA BRENELLERIE] : *Supplément à la ma-
nière d'écrire l'histoire ou Réponse à l'ouvrage de
M. l'abbé de Mably*, par G... de L. B... Impr. de la
Société littéraire typographique, 1784, in-12, p. 153.

274. [PECHMÉJA] : *Télèphe en XII livres*. Londres et
se trouve à Paris chez Pissot, in-8. — B. N. : Y 2/760
K. a.

275. RIVAROL : *Discours sur l'universalité de la langue française* (1784). *Œuvres choisies*. Paris, Jouaust,
1880, 2 vol. in-12, t. I.

276. BEAUMARCHAIS : *Le Mariage de Figaro* (1784).
Œuvres complètes, éd. Gudin de la Brénellerie, Paris,
1809, 7 vol. in-8.

277. Duc DE CHOISEUL : *Mémoires (1719-1785)*. Paris,
Plon, 1904, in-8.

278. *Lettres critiques et politiques sur les colonies et
le commerce des villes maritimes de France adressées
à G.-T. Raynal par M...* [A l'encre est inscrite la mention « Dubuisson »]. Genève et se trouve à Paris, 1785,
in-8 de 292 p. — Bib. de l'Arsenal 11681 H bis. On lit
en exergue : « Estimons-nous beaucoup les productions
des colonies ? Je crois qu'on n'en saurait douter ; pourquoi donc prenons-nous si peu d'intérêt à leur prospé-
rité et à la conservation des colons ? » (*Histoire philosophique des deux Indes*). L'auteur se montre impartial
en parlant de la discussion sur la liberté commerciale
qui met aux prises les négociants de la métropole et
les colons.

279. [MAZZEI] : *Recherches historiques et politiques
sur les Etats-Unis de l'Amérique septentrionale...* par
un citoyen de la Virginie... A Colle et se trouve à Paris, chez Froullé, 1788, 4 vol., t. I, p. VIII ; t. III
tout entier ; t. IV, p. 14-15 et 19-21. — B. N. : Pb 156.

280. PALISSOT : *Mémoires pour servir à l'histoire de*

notre littérature... Œuvres. Paris, impr. de Monsieur, 1788, 4 vol. in-4°, t. III, p. 377-9.

281. Abbé GENTY : *L'influence de la découverte de l'Amérique sur le bonheur du genre humain*. Paris, Nyon, 1788, avec approbation et privilège du roi, in-8.

282. J.-J.-O. DE MEUDE-MONPAS : *Réponse à la question posée par l'abbé Raynal, adressée à l'Académie de Lyon. Les richesses ont toujours causé nos malheurs*. Paris, Knapen, 1788, in-8. — B. N. : R. P. 692.

283. *Les Registres de l'Académie Française* (1672-1793), Paris, Didot, 1895, t. III, p. 602, 603, 621.

284. F. MASSON : *L'Académie Française (1629-1793)*. Paris, Ollendorf [1913] in-8, p. 185.

284 *bis*. [Ch. GROS DE BOZ, N. FRÉRET, etc.] : *Histoire de l'Académie royale des Inscriptions et belles-lettres*, Paris, 1717-1809, 50 vol. in-4°, t. 47, p. 39.

285. E. MAINDRON : *Les fondations de prix à l'Académie des sciences... (1714-1880)*. Paris, G.-Villars, 1881, in-8, p. 49.

286. Comte H. D'ESPINCHAL : *Journal de mes voyages en Allemagne, en Suisse...* — Bib. de Clermont-Ferrand, Ms 324-6, t. I, p. 101 : En septembre 1789, il se promenait sur le lac de Lucerne : « Nous passons près d'une petite pyramide élevée par gloriole aux frais de l'abbé Raynal qui a eu soin d'y mettre son nom... On y fait peu d'attention et l'abbé Raynal n'a pas eu la satisfaction que se promettait sa vanité. » C'est le même d'Espinchal qui, visitant Lavater en 1783, rapporte le plaisant diagnostic que je cite p. 8 de mon étude sur *l'abbé Raynal*. Cf. *Journal d'Emigration du comte d'Espinchal*, p. p. E. d'Hauterive. Paris, Perrin, 1912, in-8, p. 213-4.

287. ANQUETIL-DUPERRON : *Dignité du commerce et de l'état de commerçant*. Paris, 1789, in-8. — B. N. : R. 26693.

288. Arthur YOUNG : *Voyages en France pendant les années 1787, 8, 9*, trad. par M. H. Lesage (2e éd.). Paris, Guillaumin, 1882, 2 vol. in-8.

289. *Cahiers de doléances des sénéchaussées de Niort*

et de Saint-Maixent... L. Cathelineau. Niort, Clouzot, 1912. in-8, p. 354.

290. J. Viguier : *Convocation des États-généraux en Provence.* Paris, Lenoir, 1896, in-8, p. 236.

291. *Conversation entre Messieurs Raynal et Linguet sur la nature et les avantages des divers gouvernements ,tenue à l'occasion des États-généraux de la France.* Bruxelles, 1789, in-8 de VI + 50 p. —B. N. : L b 39/2395.

292. *Vœu des Marseillais pour l'élection de l'abbé Raynal à l'Assemblée nationale* « Marseille, 18 mars 1789 ». in-8 de 4 p. — B. N. : L b 39 1429.

293. *Lettre d'un citoyen de Marseille à un de ses amis sur M. de Mirabeau et l'abbé Raynal* « Marseille, 20 mars 1789 », in-8 de 21 p. — B. N. : L b 39 11680.

294. Iung : *Bonaparte et son temps.* Paris, Charpentier, 1880-1, 3 vol. in-12, t. I, p. 163, 283-4 ; t. II, p. 116-117 ; t. III, p. 388-9.

295. F. Masson : *Napoléon inconnu.* Paris, Ollendorf, 1895, 2 vol. in-8, t. I.

296. A. Chuquet : *La jeunesse de Napoléon.* Paris, Colin, 1898, 3 vol. in-12, t. II.

297. *Lettre de François-Louis Gounod à Mme Jean-Charles Guinard,* du 1er décembre 1790. (Archives de famille).

298. *Le Moniteur universel,* 8 janvier, 24 mars, 16 août, 6 septembre 1790 ; 2 et 5 juin 1791 ; 28 août et 6 septembre 1795 ; 14 avril, 21 octobre 1796 ; 6 juillet 1798. — B. N. : L c 2/113.

299. *Le Livre rouge ou Liste des Pensions secrètes sur le Trésor public...* Impr. royale, 1790, in-8. B. N. : L b 39/3187, et *Premier registre des dépenses secrètes de la cour connu sous le nom de Livre rouge.* Paris, de l'Imprimerie nationale. B. N. : L e 38 200.

300. *André Chénier à Guillaume-Thomas Raynal.* (*Moniteur* 5 juin 1791). (*Œuvres en prose,* Paris, Charpentier, 1881, in-12, p. 77-86).

301. *Boissy d'Anglas à Guillaume-Thomas Raynal*

sur sa lettre à l'Assemblée nationale « 5 juin 1791 ».
Paris, Le Boucher, in-8 de 36 p. — B. N. : L b 39 9958.

302. Extrait du *Journal de la Société des amis de la
Constitution séante à Versailles, 5 juin 1791.* Apostrophe à l'abbé Raynal. Versailles, imp. Cosson et Le Bas,
s. d., in-8 de 3 p. — B. N. : Y c 48336. Ce sont des
strophes signées de Félix Nogaret.

303. *A Letter from the abbé Raynal to the national
assembly of France on the subject of the Revolution...*
London, Robinson, 1791, in-8 de xxx-90 p. — B. N. :
L b 39 4973. Signé : «Le chevelire (*sic*) de la Brintinaye » (p. 40).

304. *Extrait raisonné de l'Histoire philosophique... à
l'appui de l'Adresse de Guillaume-Thomas Raynal à
l'Assemblée nationale.* L'an prochain de la vérité [1791]
in-8. — B. N. : L b 39 4974.

305. *La douloureuse alternative de l'abbé Raynal*
s. l. n. d. [1791] in-8. — B. N. : L b 39 9954.

306. *L'avocat Manesse parmi ses concitoyens. Réponse en forme de parallèle à la lettre de l'abbé Raynal à l'Assemblée nationale.* 1791, in-8. (D'après Quérard).

307. *Lettre à l'Assemblée nationale en réponse à celle
de Raynal,* par J.-M.-C.-A. Goujon « Meudon, 12 juin
1791 », in-8 de 23 p. — L b 39 9981.

308. *Lettre d'Anacharsis Clootz à un de ses amis.*
Chronique de Paris, 3 juin 1791, p. 613-4. — B. N. :
L c 2 218.

309. *Lettre de M. Panckoucke à MM. le Président
et Electeurs de 1791,* impr. de C. Simon, « 9 septembre
1791 », in-8 de 29 p. — B. N. : L b 39 5332.

310. *Lettre d'un homme libre à l'esclave Raynal.*
Impr. du Cercle social [1791], in-8 de 8 p. — B. N. :
L b 39 4994. Signée de P.-J.-B. Chaussard, auteur de
la *Théorie des lois criminelles.*

311. *Raynal démasqué ou Lettre sur la vie et les ouvrages de cet écrivain,* s. l. 1791, in-8 de 58 p. —
B. N. : L n 27 17071.

312. *Réflexions importantes sur l'Adresse présentée*

à l'Assemblée nationale le 31 mai par Guillaume-Thomas Raynal, par M. de Sinéty, député à l'Assemblée nationale, s. d. Impr. nationale, in-8 de 39 p. — B. N. : L e 29/1561.

313. *Réflexions d'un solitaire, 15 septembre 1791.* Archives nationales : S. M., B 1 11. Je n'ai pas pu découvrir cette pièce.

314. *Réponse à la lettre de G.-T. Raynal* s. l. n. d. in-8. Cette pièce, que je n'ai pas vue, est peut-être identique à la suivante :

315. *Réponse à la lettre de G.-T. Raynal adressée à l'Assemblée nationale,* par M. Loyseau, auteur du *Journal de constitution et de législation.* 5 juin [1791], chez Moutard, in-8 de 44 p. — B. N. : L b 39/4991.

316. *Réponse à la lettre de M. l'abbé Raynal* [1791], Impr. de Calixte Volland, rue des Noyers, 38, in-8 de 16 p. — B. N. : L b 39/4992.

317. *Réponse d'un prêtre patriote à la Lettre de Guillaume-Thomas Raynal,* s. l. n. d. [1791], in-8. — B. N. : L b 39/4993.

318. *Thomas qui veut et qui ne veut pas ou Opinions contradictoires de Guillaume-Thomas Raynal* [Bonnemain], Garnery, 1791, in-8 de 48 p. — B. N. : L b 39/4975.

319. *Circulaire anonyme aux électeurs de Paris en faveur de la candidature de Raynal à l'Assemblée législative et débutant par ces mots :* « Citoyens, voici le jour où nous sommes enfin appelés... » [1791], in-4. — B. N. : L e 31/8*. Je n'ai pas trouvé cette pièce.

320. *Œuvres* de Louis XVI, éditées par Ch. de Bussy. Paris, chez l'éditeur des *Œuvres* de Louis XVI, 1864, 2 vol. in-8, t. II, p. 24.

321. Feuillet de Conches : *Louis XVI...* Paris, Plon, 1864-73, 6 vol. in-8, t. I, p. 296, n. 2.

322. Charlotte Corday. Lettre à Barbaroux, 15 juillet 1793 (Buchez et Roux : *Histoire parlementaire de la Révolution Française.* Paris, Paulin, 1834-8, 40 vol. in-8, t. 28, p. 338).

323. E. Defrance : *Charlotte Corday et la mort de*

Marat. Paris, Société du Mercure de France, 1909, in-12.

324. BRISSOT : *Mémoires*, éd. M. de Lescure. Paris, Didot, 1877, in-12, p. 238, 267, 313.

325. Cardinal DE BERNIS : *Mémoires* p. p. F. Masson. Paris, Plon, 1878, 2 vol. in-8.

326. SENAC DE MEILHAN : *Du gouvernement, des mœurs et des conditions en France avant la Révolution*. Hambourg, Hoffmann, 1795, p. 117.

327. — *Portraits et caractères de personnages distingués de la fin du XVIII⁰ siècle...* Paris, Dentu, 1813, in-8, p. 219.

328. A. POTIQUET : *L'Institut impérial de France. Ses diverses organisations*. Paris, s. d. in-8, p. 30. Lettre du ministre de l'Intérieur à l'Institut, du 18 janvier 1796, notifiant la démission de Raynal.

329. Acte de décès de Raynal publié dans le *Bulletin historique et philologique du Comité des travaux historiques et scientifiques*. Paris, Leroux, 1888, in-8, p. 7-8. Je n'ai pas trouvé trace de cérémonie religieuse dans les registres paroissiaux de Saint-Pierre de Chaillot ; j'ignore même où Raynal est enterré.

330. J. DE MAISTRE : *Considérations sur la France* (1796). (*Œuvres complètes*. Lyon, Vitte, 1884-6, 14 vol. in-8).

331. CHÉRHAL-MONTRÉAL : *Eloge philosophique et politique de Guillaume-Thomas Raynal*. Paris, Deroy, 1796, in-8 de 75 p. — B. N. : L n 27/17072.

332. J. LE BRETON : *Notice sur la vie et les ouvrages de Raynal*, lue à l'Institut de France le 15 germinal an IV. *Décade Philosophique, Littéraire et Politique*, 20 floréal, an IV (1796), p. 263-73. — B. N. : Z 2259.

333. J.-S. ERSCH : *La France Littéraire contenant les auteurs français de 1771 à 1796*. Hambourg, Hoffmann, 3 vol. in-8, 1798, t. III, et *Supplément*, ibid., 1802, p. 390.

334. CHATEAUBRIAND : *Œuvres complètes*. Paris, Ladvocat, 1726-31, 30 vol. in-8.

335. — *Mémoires d'Outre-Tombe*, éd. Biré. Paris, Garnier, s. d., 6 vol. in-12.

336. V. GIRAUD : *Chateaubriand. Etudes littéraires.* Paris, Hachette, 1904, in-12.

337. [FERRIÈRES] : *Mémoires pour servir à l'histoire de l'Assemblée constituante et de la Révolution de 1789,* par le citoyen G. E. F. Paris, chez les Marchands de nouveautés, an VII, 3 vol. in-8, t. II, p. 390-8.

338. SENANCOUR : *Rêveries sur la nature primitive de l'homme.* Paris, Lavaux, an VIII, in-8. — B. N. : Inv. R. 18712.

339. P. BOISSONNADE et J. BERNARD : *Histoire du Collège et du Lycée d'Angoulême (1516-1895).* Angoulême, Coquemard, 1895, in-8, p. 275, n. 1, et 307, n. 5.

340. DES ESSARTS : *Siècles littéraires de la France.* Paris, chez l'auteur, 1800-1, 6 vol. in-8, t. V, p. 348-52.

341. G. LAVATER : *L'Art de connaître les hommes par la physionomie.* Paris, Depélafol, 1820, 10 vol. in-8, t. VI, p. 177-8.

342. *Recueil de Pensées sur la Morale, la Religion et la Politique, extraites des ouvrages de Rousseau, de Raynal et de Montesquieu, précédé d'une Préface...* A Paris, chez tous les marchands de nouveautés, an X-1802, in-12. — B. N. : Inv. Z 17940.

343. J.-N. DUFORT, comte DE CHEVERNY : *Mémoires sur les règnes de Louis XV et Louis XVI et sur la Révolution... (1731-1802).* Paris, Plon, 1886, 2 vol. in-8, t. I, p. 304, 315, 355 ; t. II, p. 33.

344. LAMARTINE : *Toussaint-Louverture.* Bruxelles, Jonker, 1850, pet. in-12, p. XI-XII. Citation d'un passage des *Mémoires* du général Ramel qui paraît antérieur à la mort de Toussaint-Louverture (1803).

345. SUARD : *Variétés littéraires.* Paris, Dentu, an XII (1803), 4 vol. in-8.

346. *Mémoires de M. Suard, écrits par sa veuve.* Paris, Didot [1820], in-12.

347. GARAT : *Mémoires historiques sur la vie de M. Suard, sur ses écrits et sur le XVIIIe siècle.* Paris, Belin, 1820, 2 vol. in-8.

348. CHAUDON et DELANDINE : *Dictionnaire historique (1804-5).* Paris, Ménard, 1822, t. 23, p. 99-104.

349. Baronne d'OBERKIRCH : *Mémoires* p. p. le comte Léonce de Montbrizon, son petit-fils. Paris, Charpentier, 1869, 2 vol. in-12, t. I, p. 129-130.

350. D. THIÉBAULT : *Frédéric-le-Grand, sa famille, etc... ou Mes souvenirs de vingt ans de séjour à Berlin.* Paris, Bossange, 1827 (4ᵉ éd.), 5 vol. in-8 t. III, p. 164-203.

351. Abbé PROYART : *Louis XVI et ses vertus aux prises avec la perversité de son siècle* (1808). Paris, libr. associés, 1808, 4 vol. in-8, t. II, p. 125, 345.

352. [F.-R. DE JUSSAC] : *Cri des colons contre un ouvrage de M. l'évêque et sénateur Grégoire qui a pour titre « De la littérature des nègres » ou Réfutation des inculpations calomnieuses faites aux colons par l'auteur et par les autres philosophes négrophiles, tels que Raynal, Valmont, de Bomare,* etc. Paris, march. de nouv., 1810, in-8. — B. N. : L k 9 248.

353. *Biographie universelle.* Paris, Michaud, 1811-28, 52 vol. in-8. Articles DIDEROT. DRAPER, DELEYRE, PECHMÉJA, RAYNAL.

354. Abbé GEORGEL : *Mémoires pour servir à l'histoire des événements de la fin du XVIIIᵉ siècle...* Paris, Eymery, 1817, 6 vol. in-8, t. II, p. 246, 260-1.

355. G. P. M. duc DE LÉVIS : *Souvenirs et Portraits.* Paris, Buisson, 1813, in-8, p. 87, 245-6.

356. *Journal de l'Empire,* 4 octobre 1813, in-4.

357. MALOUET : *Mémoires,* p. p. son petit-fils le baron Malouet. Paris, Didier, 1868, 2 vol. in-8.

358. *Biographie moderne ou Galerie historique...* (1815). Paris, Eymery, 1816, 3 vol. in-8, t. III, p. 156.

359. [F. DE LA MENNAIS] : *Essai sur l'indifférence en matière de religion,* t. I. Paris, Tournachon-Molin, 1817, in-8, p. 263, 333, 454.

360. A. FEUGÈRE : *Lamennais avant l'« Essai sur l'Indifférence »,* Paris, Bloud, 1906, in-8.

361. C. MARÉCHAL : *La jeunesse de Lamennais.* Paris, Perrin, 1913, in-8.

362. Abbé BASTON : *Mémoires (1741-1818),* p. p. J. Loth et Cl. Verger. Paris, Picard, 1897, 3 vol. in-8.

363. Note inscrite en 1818 sur la dernière page d'un atlas in-4° de l'*Histoire des Indes* que je possède.

364. [A.-A. RENOUARD] : *Catalogue de la Bibliothèque d'un amateur avec notes bibliographiques, critiques et littéraires*. Paris, Renouard, 1819, 4 vol. in-8, t, IV, p. 188.

364. Mme NECKER DE SAUSSURE : *Notice sur la vie et les ouvrages de Mme de Staël* (1820). En tête des *Mémoires de Mme de Staël ; Dix années d'exil*. Paris, Charpentier, s. d., in-12, p. 13-15.

365. A. JAY . *Précis historique sur la vie et les ouvrages de l'abbé Raynal*. En tête de la 4e édition de l'*Histoire des Indes*. (Cf. n° 64).

366. Ch. DU ROZOIR : Articles sur Raynal publiés dans la *Gazette de France*, 7 et 21 décembre 1822, et 21 février 1823. Article biographique sur Raynal publié en 1824 au tome 37 de la *Biographie Universelle* (cf. n° 353).

267. Comte DE LAS-CASES : *Mémorial de Sainte-Hélène* (1822-3). Paris, Bossange, 1824, 8 vol. in-12.

368. L.-Ph. DE SÉGUR : *Mémoires*. Paris, Eymery, 1824, 3 vol. in-8.

369. Comtesse DE GENLIS : *Mémoires inédits sur le XVIIIe siècle et la Révolution...* Paris, Ladvocat, 1825, 9 vol. in-8.

370. MONTGAILLARD : *Histoire de France depuis l'assemblée des notables jusqu'en 1825* (1826). Paris, Moutardier, 1839, in-8, t. II, p. 329-31.

371. Ch. POUGENS : *Lettres Philosophiques à Mme X... sur divers sujets de morale et de littérature*. Paris, F. Louis, 1826, in-12, p. 145-6.

372. J.-M. QUÉRARD : *La France Littéraire* (1826 et suiv.), t. VII, p. 472 et t. XI, p. 701.

373. — *Les supercheries littéraires dévoilées*, 2e édition. Paris, Daffis, 1870, 4 vol. in-8, t. III, p. 338.

374. A. DE MUSSET : *Namouna* (1832). *Premières Poésies*. Paris, Charpentier, 1882, in-12.

375. Chanoine FONTAINE : Note inscrite en tête de l'exemplaire de l'*Histoire des Indes* qui appartient à la

Bibliothèque de la Société économique de Fribourg-en-Suisse. (Cf. n° 46).

376. Prince DE TALLEYRAND : *Mémoires*. Paris, C.-Lévy, 5 vol. in-8, t. I, p. 84-5.

377. E. BIOT : *De l'abolition de l'esclavage ancien en Occident*. Paris, Renouard, 1840, in-8.

378. Comte D'ALLONVILLE : *Mémoires secrets de 1770 à 1820*. Paris, Werdet, 1838, 6 vol. in-8, t. I, p. 376-7.

379. Comte DE VAUBLANC : *Mémoires*. Paris, Didot, s. d., in-12, p. 82, 91.

380. J. MICHELET : *Histoire de la Révolution Française*. Paris, Chamerot, 9 vol. in-8, t. II (1847), p. 236.

381. A. DE TOCQUEVILLE : *L'Ancien Régime et la Révolution* (1856). Paris, C.-Lévy, 1887, in-8.

382. GAULLIEUR : *Etudes sur l'histoire littéraire de la Suisse Française*. Genève, Gruaz, 1856, p. 228-30.

383. A. COCHIN : *L'Abolition de l'esclavage*. Paris, Lecoffre, 1861, 2 vol. in-8.

384. E. et J. DE GONCOURT : *La Femme au XVIII° siècle* (1862). Paris, Charpentier, 1877, in-12.

385. L. NICOLARDOT : *Histoire de la Table*. Paris, Dentu, 1868, in-12.

386. SAINTE-BEUVE : *Nouveaux Lundis*. Paris, C.-Lévy, 1870, 13 vol. in-12, t. XI, p. 312-30. Cf. *Portraits Littéraires*, t. II, p. 399 : *Causeries du Lundi*, t. VII, p. 329-70 ; *Nouveaux Lundis*, t. VI, p. 300.

387. E. SCHÉRER : *Etudes sur la littérature française au XVIII° siècle*. Paris, C.-Lévy, 1891, in-12, p. 169-91.

388. — *Melchior Grimm...* Paris, C.-Lévy, 1887, in-8, p. 89-91.

389. L. DE LAVERGNE : *Les Economistes Français du XVIII° siècle*. Paris, Guillaumin, 1870, in-8.

390. Ch. AUBERTIN : *L'Esprit public au XVIII° siècle* (1872). Paris, Perrin, 3° édition 1889, in-12.

391. H. TAINE : *Les Origines de la France contemporaine* (1875 et suiv.). Paris, Hachette, éd. définitive, 12 vol. in-12.

392. F. ROCQUAIN : *L'esprit révolutionnaire avant la Révolution (1715-1789)*. Paris, Plon, 1878, in-8.

393. J. MORLEY : *Diderot and the Encyclopædists* (1878). London, Macmillan, 1905, 2 vol. in-12, t. II, p. 205-31.

394. T. HAMONT : *Dupleix d'après sa correspondance inédite.* Paris, Plon, 1881, in-12.

395. L. BRUNEL : *Les Philosophes et l'Académie Française au XVIIIe siècle.* Paris, Hachette, 1882, in-8.

396. L. BIOLLAY : *Etudes économiques sur le XVIIIe siècle. Le Pacte de famine...* Paris, Guillaumin, 1885, in-8.

397. H. PIGEONNEAU : *Histoire du commerce de la France.* Paris, Cerf, 1885-9, 2 vol. in-8.

398. H. MONIN : Article RAYNAL dans la *Grande Encyclopédie.* Paris, s. d. (1885 et suiv.) 31 vol. in-4°, t. XXVIII, p. 189-190.

399. A. FRANCE : *Le livre de mon ami* (1885). Paris, C.-Lévy, s. d. in-12.

400. A. SOREL : *L'Europe et la Révolution Française,* t. I (1885). Paris, Plon, 1897, in-8, p. 309-310.

401. *Intermédiaire des chercheurs et curieux.* Année 1886, p. 288 ; Année 1892, p. 88.

402. F. BRUNETIÈRE : *Etudes sur le XVIIIe siècle* (vers 1886). Paris, Hachette, 1911. in-12.

403. — *Etudes critiques sur l'histoire de la littérature française,* 5e série. *Ibid.* 1896 (3e édition).

404. M. PUJO : *Un Philosophe Aveyronnais : L'abbé Raynal (Annales du Rouergue et du Quercy,* 1er mars 1890, p. 693-8).

405. G. BOISSIER : *La Fin du Paganisme.* Paris, Hachette, 1891, 2 vol. in-12.

406. L. DESCHAMPS : *Histoire de la question coloniale en France.* Paris, Plon, 1891, in-8.

407. E. DAUBIGNY : *Choiseul et la France d'Outre-Mer après le traité de Paris.* Paris, Hachette, 1892, in-8.

408. Duc DE BROGLIE : *La Paix d'Aix-la-Chapelle.* Paris, C.-Lévy, 1892, in-8.

409. A. AULARD : *Etudes et leçons sur la Révolution française,* 1re série. Paris, Alcan, 1893, in-12.

410. — *Histoire politique de la Révolution française...*, 1789-1804. Paris, Colin, 1901, in-8.

411. LAVISSE et RAMBAUD : *Histoire générale du IVe siècle à nos jours*. Paris, Colin, 1893-7, 12 vol. in-8.

412. L. DUCROS : *Diderot, l'homme et l'écrivain*. Paris, Perrin, 1894, in-12.

413. — *Les Encyclopédistes*. Paris, Champion, 1900, in-8.

414. Marcel DUBOIS : *Systèmes coloniaux et peuples colonisateurs*. Paris, Plon, 1895, in-12.

415. Paul MASSON : *Histoire du commerce français dans le Levant au XVIIe siècle*. Paris, Hachette, 1896, in-8.

416. — *Histoire du commerce français dans le Levant au XVIIIe siècle*. Ibid. in-8.

417. — *Histoire des établissements et du commerce français dans l'Afrique barbaresque (1560-1783)*. Ibid. 1903, in-8.

418. P. MARGRY : *Mémoires et Documents pour servir à l'histoire des origines françaises des pays d'Outre-Mer*. Paris, Guilmoto, 6 vol. in-8.

419. P. DE SÉGUR : *Le royaume de la rue St-Honoré*. Paris, C.-Lévy [1897], in-8.

420. G. HEUZÉ : *Notice Biographique sur l'abbé Raynal*. (*Mémoires p. p. la Société d'Agriculture*. Année 1899, p. 175-80).

421. Le Comte D'HAUSSONVILLE : *Le salon de Mme Necker*. Paris, C.-Lévy, 1900, 2 vol. in-12.

422. G. BRIÈRE : *Le buste de Raynal au musée de Versailles*. (*La correspondance historique et archéologique*. Paris, Fontemoing, 1902, in-8, p. 204-8).

423. *Inventaire sommaire du Département des Affaires étrangères. Correspondance politique*, t. I. Paris, Imprimerie nationale, 1903, in-8.

424. A. MATHIEZ : *La Théophilanthropie et le culte décadaire*. Paris, Alcan, 1904, in-8.

425. A. BAYET et F. ALBERT : *Les Ecrivains politiques du XVIIIe siècle. Extraits avec une introduction et des notes*. Paris, Colin, 1904, in-12.

426. E. Salone : *Guillaume Raynal, historien du Canada. Etude critique.* Paris, Guilmoto [1906], in-8.

427. — *La colonisation de la Nouvelle-France.* Ibid. [1906], in-8.

428. P. Martino : *L'Orient dans la littérature française au XVIIe et au XVIIIe siècle.* Paris, Hachette, 1906, in-8.

429. M. Roustan : *Les Philosophes et la Société française au XVIIIo siècle* (1906). Paris, Hachette, 1911, in-12.

430. D. Mornet : *Le sentiment de la nature en France de J.-J. Rousseau à Bernardin de Saint-Pierre.* Paris, Hachette, 1907, in-8.

431. A. Feugère : *Raynal et son monument de Guillaume Tell.* (*Rev. de Fribourg*, octobre 1909, p. 560-89).

432. — *L'abbé Raynal et les Pays-Bas.* (*Rev. de Belgique*, 1ᵉʳ et 15 juin 1912, p. 491-505 et 558-65).

433. — *Un homme de lettres au XVIIIe siècle : L'abbé Raynal.* (*Revue Bleue*, 5 et 12 octobre 1912, p. 440-5 et 466-71).

434. — *La Doctrine révolutionnaire de Raynal et de Diderot d'après l' « Histoire des Indes ».* (*Mercure de France* 1ᵉʳ avril 1913, p. 498-517).

435. — *L'abbé Raynal et la Révolution Française.* (*Annales révolutionnaires*, 1913, no 3, p. 309-44).

436. — *Raynal, Diderot et quelques autres « historiens des deux Indes ».* (*Rev. d'hist. litt. de la France*, 1913, no 3, p. 343-78 et 1915 noˢ 3-4, p. 408-52).

437. — *Un concours académique à Lyon au XVIIIe siècle.* (*Lyon*, janvier 1921, p. 13-14).

438. — *Un Précurseur de la Révolution : L'abbé Raynal (1713-1796).* Angoulême, Imprimerie Ouvrière, 1922 in-8.

439. H. Dehérain : *Le Cap de Bonne-Espérance au XVIIe siècle.* Paris, Hachette, 1909, in-12.

440. G. de Reynold : *Le doyen Bridel* Lausanne, Bridel, 1909, in-8.

441. P. Hazard : *La Révolution Française et les lettres italiennes (1789-1815).* Paris, Hachette, 1910, in-8.

442. H. BOEHMER : *Les Jésuites*. Traduction G. Monod. Paris, Colin, 1910, in-12.

443. J. FABRE : *Les Pères de la Révolution*. Paris, Alcan, 1910, in-8.

444. J. DELVAILLE : *Essai sur l'histoire de l'idée de Progrès jusqu'à la fin du XVIIIe siècle*. Paris, Alcan, 1910, in-8.

445. M. PELLISSON : *Les Hommes de lettres au XVIIIe siècle*. Paris, Colin, 1911, in-12.

446. E. LAVISSE : *Histoire de France depuis ses origines jusqu'à la Révolution*. Paris, Hachette, in-4, fasc. 17 [1911].

447. B. COMBES DE PATRIS : *Un économiste ignoré : l'abbé Raynal*. (*Revue des Etudes historiques*, nov.-déc. 1912, p. 695-708).

448. G. CHINARD : *L'Amérique et le rêve exotique dans la littérature française au XVIIe et au XVIIIe siècle*. Paris, Hachette, 1913, in-12.

449. J.-P. BELIN : *Le mouvement philosophique de 1748 à 1789*. Paris, Belin, 1913, in-8, p. 306-314.

450. — *Le commerce des livres prohibés à Paris de 1750 à 1789*. Paris, Belin, 1913, in-8.

451. H. ROUJON : *En Marge* (*Le Temps*, 27 janvier 1913).

452. G. DESCHAMPS : *Historiettes littéraires*. (*Le Temps*, 15 avril 1914).

SECTION III

NOTES D'ICONOGRAPHIE

___

Dans la *Collection alphabétique de Portraits* de la Bibliothèque nationale, on trouve plusieurs gravures qui reproduisent quatre portraits :

1° Celui qui figure en tête de l'*Histoire des Indes* dans quelques éditions de 1774 in-8 et dans l'édition 1775, in-4. Profil, costume ecclésiastique, perruque ronde. Il y a deux catégories de gravures : les unes sans aucune mention ; les autres avec la mention qu'on lit en tête de l'édition in-4° de 1775 : G^me-T^mas RAYNAL | *De la société royale de Londres et de l'Académie* | *des Sciences et Belles-Lettres de Prusse.* | *C.-N. Cochin del. L. Le Grand sculp.*

2° Celui qui figure en tête de l'*Histoire des Indes* dans quelques éditions in-8 et dans l'édition in-4° de 1780 : presque de face, costume laïque, assis devant sa table. Il y a aussi deux catégories de gravures : les unes sans aucune mention, les autres avec la mention : GUILLAUME-THOMAS RAYNAL, et au-dessous du motif allégorique représentant la Vérité brandissant un soleil on lit : « « *Au défenseur de l'Humanité, de la Vérité, de la Liberté* » | ELIZA DRAPER. | *Dessiné par C.-N. Cochin... 1780. Gravé par N. de Launay.*

3° Un portrait colorié. Raynal y paraît assez jeune ; il est de trois-quarts ; vêtu d'un habit mordoré, il a une perruque ronde de couleur grise, les yeux sont noirs, le regard fixe ; une affreuse ride plisse la racine du nez qui est énorme. On lit au-dessous : « Garneray pinx. P. Alix sculp. 1793. »

4° Le profil de Raynal complètement chauve qui est reproduit dans l'édition de Lavater et que j'ai décrit ailleurs (n° 438, p. 8-9). Il ne porte aucune indication. Je le crois fait d'après le buste d'Espercieux, si, comme il est fort probable, c'est le buste d'Espercieux qui est représenté par Girodet dans son portrait du conventionnel J.-B. Belley (Musée de Versailles n° 4616, cf. BRIÈRE [n° 422], p. 204).

Je connais l'existence de trois bustes de Raynal : l'un, en marbre, était l'œuvre de « Tassaer sculpteur du roi à Berlin », que Raynal paya 1200 livres. Il fut exécuté pendant le séjour de l'abbé chez le peintre en 1782 ou 1783. L'auteur avait un rare talent s'il est vrai qu'il avait réussi à le faire « très ressemblant, plein de vie et presque beau ». (Raynal à Paris, 19 janvier 1786). Ce qui est sûr, c'est que Raynal en est ravi. Est-ce ce buste dont il est question dans sa correspondance, quand il propose à l'Académie de Lyon de lui léguer cette « œuvre d'un de nos plus grandes artistes » (Id, 18 sept. 1787), offre qu'il la remercie d'accepter ? (Id., 24 nov. 1787). *A priori*, on serait plutôt tenté de croire qu'il s'agit d'un autre buste dû à Espercieux qui semble mieux mériter que Tassaer d'être rangé parmi les « grands artistes ». Mais, d'une part, on vient de voir que Raynal admirait fort Tassaer de l'avoir représenté à la fois ressemblant et presque beau ! et, d'autre part, Espercieux, né à Marseille en 1757 n'avait pas encore acquis une grande notoriété, si l'on en juge par le ton dont Raynal parle de lui en le recommandant à son ami l'architecte Paris : « M. Espercieux aura l'honneur de vous voir à son arrivée à Paris ; c'est un artiste laborieux et honnête. Il a fait ici (à Marseille) mon buste et quelques autres ouvrages qui ont très bien réussi. » (Id., 17 janvier 1791). Ce buste en marbre fut exposé au Salon de 1796, année de la mort de Raynal. Le plâtre en fut offert par l'auteur au Musée des Monuments français. Cette œuvre n'a rien de commun avec le buste prétendu de Raynal du Musée de Versailles qui paraît n'être qu'« une copie ancienne du Voltaire de Pigalle ». (Cf. n° 422, p. 208).

J'ignore où se trouvent actuellement et le buste de Tassaer et le buste d'Espercieux. Celui que possède le Musée de Rodez, en marbre, est dû à Raymond Gayrard qui avait épousé une petite-nièce de Raynal. Il a figuré au Salon du Louvre en 1837 et fut commandé par le ministère de l'Intérieur.

La Société des Lettres de l'Aveyron possède un portrait à l'huile de Raynal d'après Mme Delzève, par G. de Fayolle.

Dans une lettre du 1er février 1787, Raynal parle d'un M. Tossy [ou Torcy, je n'ai pu déchiffrer sûrement] « jeune » (R. à Paris, 15 mai 1787)) « peintre en miniature » qui « vient de faire » de lui un portrait que « les connaisseurs... mettent au-dessus de tout ce qu'ils ont vu ». (Id., 1er février 1787). Ce peintre l'avait porté « à Paris pour le faire voir, pour le perfectionner et pour le faire graver ». (Id, 9 janvier 1789). Il le remet enfin à un graveur dont Raynal voudrait connaître le « nom » et la « capacité ». (Id., 16 mai 1789). Il s'agissait peut-être de le faire graver sur les médailles d'argent qui devaient être distribuées annuellement avec les 1200 livres dont Raynal faisait les fonds aux douze cultivateurs les plus méritants de la Haute-Guyenne. Je ne connais pas ce tableau et j'ignore si les médailles ont jamais été gravées ou distribuées.

M. C. Couderc, bibliothécaire à la Bibliothèque nationale, possède une gravure coloriée qui est l'illustration plaisante d'un des nombreux pamphlets suscités par la Lettre de Raynal à l'Assemblée nationale en juin 1791. Elle porte la mention suivante : « L'ABBÉ RAYNAL EN DÉLIRE. — Quand j'étais prêtre, dis-tu quelque part, dans cet ouvrage qui te valut l'approbation de l'Europe et qui dépose aujourd'hui contre toi... (*sic*). Ah ! sans doute tu l'es, tu le fus et tu le seras toujours... (*sic*). Abbé de cour, abbé du monde, ah ! je l'avais toujours bien pensé que l'écrivain pétri de l'esprit et des manières de ce qu'on appelle insolemment la bonne compagnie ne pourrait jamais être ni très profond, ni très vertueux. »

Raynal, coiffé d'une espèce de bonnet pointu mais vêtu du costume ecclésiastique, se précipite vers un château de cartes qu'il semble vouloir renverser, brandissant de la main droite une marotte et tenant de la gauche un écrit intitulé « Lettre de Raynal à l'Assemblée nationale ». Derrière lui, un fou relève son ample soutane, tandis qu'un chat joue avec son bonnet carré qui a roulé à terre.

Dans la collection Hennion que possède la Bibliothèque nationale, au t. 24, p. 57. j'ai vu la gravure suivante : En haut : « 1791, 9 juin : Les Marseillais conduisent le buste de l'abbé | Raynal à l'hopital des fous | ». Sur le buste, un rabat très apparent, et la tête est coiffée d'une espèce de bonnet de fou. Ce buste est porté sur une litière par deux hommes qui se dirigent vers un bâtiment à coupole, sans doute la Salpêtrière, sur lequel sont inscrits ces mots : « Hopital des fous ». Derrière la litière, un écriteau porte cette inscription · « Admiration | pour l'histoire des deux Indes | Mépris | pour la lettre à l'Assemblée. » Un personnage tient dans sa main gauche cet avis : « *Le peuple* | trop instruit | a reconnu | *la ruse.* » Au-dessous de la gravure, en mêmes caractères typographiques que l'inscription supérieure : « L'abbé Mauri, Royou et Malouet témoignent | leur douleur en voyant qu'on traite ainsi leur | maître dont ils ont égaré l'esprit. »

Vu,

le 3 octobre 1921.

Le Doyen de la Faculté des lettres

de l'Université de Paris.

Ferd. BRUNOT.

Vu

et permis d'imprimer :

Le Recteur

de l'Académie de Paris.

Pour le Recteur :

L'Inspecteur de l'Académie,

Philippe GIDEL.